第**5**版

福祉
教科書

精神保健
福祉士
一問一答

専門科目

精神保健福祉士
試験対策研究会 著

SHOEISHA

目次

本書の使い方

　本書は、精神保健福祉士国家試験の専門科目の試験対策書です。主に過去問題15年分（第11回〜第25回）から重要な内容かつ今後も出題が予想されるものを集めて、また予想問題も含めて構成しています。本書は持ち歩きやすいコンパクトなサイズです。ちょっとした時間に本書を開いて、問題文に慣れたり、問われるところを確認したりなど、さまざまな方法でお使いください。

7 精神障害者の生活支援システム

出る！出る！
要点チェックポイント

■ 要点チェックポイント
各章のはじめに、「要点チェックポイント」があります。頻出の内容をまとめているので確認しておきましょう。

ポイント① 法定雇用率

	現行	2024（令和6）年4月から	20
民間企業（従業員43.5人以上）	2.3%	2.5%	
国、地方公共団体等	2.6%	2.8%	
都道府県等の教育委員会	2.5%	2.7%	

ポイント② 就労支援

精神障害者を対象とした施策

| 精神障害者雇用トータルサポーターの配置 | 精神障害の専門的知識を有する精神保健福祉士等をハローワーク（公共職業安定所）に配置し、求職者に対して専門的な〔カウンセリング、就職準備プログラム及び事業主〔…〕を実施 |

■ チェックボックス
正解した問題にはチェックを入れておきましょう。

■ 重要事項
本書は試験に受かることのみに主眼を置いています。覚えておくべき数字やキーワードは必ずおさえておきましょう。

■「重要」「参考」
重要なところや補足が必要なところを説明しています。

精神障害者の生活支援システム

1 精神障害の特性としての一般性

Q1049
ストレングスに注目することによって、精神障害者の生活のしづらさを客観視し、障害特性に焦点化する。

Q1050
様々な場面への活動や参加は、健康状態の向上へと導くことになる。

Q1051
活動の制限や参加の制約が、精神疾患に好ましくない影響を与えるというように、疾患と障害の併存が挙げられる。

Q1052
生涯を通じて約40人に1人が精神疾患にかかるため、精神障害を社会的扶養の問題としてとらえる。

Q1053
精神保健福祉法5条に規定されている精神障害者の定義には、精神作用物質による急性中毒またはその依存症を有する者が含まれている。

Q1054
障害者基本法の障害者の定義には、「社会的障壁」が含まれている。

> **参考** 精神障害者の特徴
>
> ● 精神障害は、思春期以降に発症することが多く、社会生活・日常生活上の障害（諸社会・人間関係の断絶、社会生活上の技能の未習得、集中力がない、ストレスに弱い、人間関係が苦手、意欲の低下、臨機応変のなさなど）を病とともに併せ持つことが多い。

294

4

※本書では、次の法律を略称で表記しています。

略称	正式名称
精神保健福祉法	精神保健及び精神障害者福祉に関する法律
障害者雇用促進法	障害者の雇用の促進等に関する法律
（心神喪失者等）医療観察法	心神喪失等の状態で重大な他害行為を行った者の医療及び観察等に関する法律
児童虐待防止法	児童虐待の防止等に関する法律
ＤＶ防止法	配偶者からの暴力の防止及び被害者の保護に関する法律
高齢者虐待防止法	高齢者虐待の防止、高齢者の養護者に対する支援等に関する法律
ホームレス自立支援法	ホームレスの自立の支援等に関する特別措置法
障害者総合支援法	障害者の日常生活及び社会生活を総合的に支援するための法律
障害者差別解消法	障害を理由とする差別の解消の推進に関する法律
障害者虐待防止法	障害者虐待の防止、障害者の養護者に対する支援等に関する法律
自動車運転死傷行為処罰法	自動車の運転により人を死傷させる行為等の処罰に関する法律

■ 精神障害の特性としての一般性

A1049 ✕ ストレングスに注目することによって、**精神障害者の生活のしづらさを客観視し、[個人の強さ]に焦点化する**。ストレングスの視点は、1992年の［サリービー］の「ソーシャル実践におけるストレングス視座」などによって提唱された。

A1050 ○ ［ICF（国際生活機能分類）］では、生活機能の3レベル（心身機能・身体構造、活動、参加）は相互に影響を与え合い、また「健康状態」「環境因子」「個人因子」からも影響を受けるとしている。

A1051 ○ ［活動］の制限や［参加］の制約が、精神疾患に好ましくない影響を与えるというように、疾病と障害の併存が挙げられる。制限や制約は、疾病と障害のいずれにも影響を与える。

A1052 ✕ 生涯を通じて約［5］人に1人は精神疾患にかかるため、精神障害を社会的［支援］の問題としてとらえる。2013（平成25）年度以降の［都道府県］の医療計画に盛り込むべき疾病には、［がん］、［脳卒中］、［急性心筋梗塞］、［糖尿病］の4大疾病に［精神疾患］を加えた5大疾病がある。

A1053 ○ 精神保健福祉法で［精神障害者］とは、統合失調症、[精神作用物質]による急性中毒またはその依存症、[知的障害]その他の精神疾患を有する者をいう（5条）。

A1054 ○ 障害者の定義は、「[身体障害、知的障害、精神障害（発達障害を含む）]その他の心身の機能の障害がある者であって、障害及び[社会的障壁]により継続的に日常生活又は社会生活に相当な制限を受ける状態にあるもの」としている（障害者基本法2条1号）。

7
精神障害者の生活支援システム

■ 覚えておきたい用語など右ページでは問題の重要なキーとなる部分などを赤い文字で示しています。また、赤シートを使って、[ ] 部分に入る適切な語句を考えるなど、穴埋め問題としてお使いいただけるよう工夫しています。

■ 赤シート
本書付録の赤シートを使って効率よく暗記しましょう。

295

第27回試験以降の新科目対応表

精神保健福祉士養成課程カリキュラム改正にともない、第27回国家試験（2025（令和7）年2月実施見込み）からは、見直し後の新たな教育内容に基づき試験問題が出題される予定です。学習の目安として、「精神保健福祉士養成課程のカリキュラム」（厚生労働省 社会・援護局障害保健福祉部 精神・障害保健課）に対応する本書の章と節を以下にまとめました（専門科目のみ。この他、現行の共通科目から統合される内容、新規追加される内容もあります）。なお、受験の際は（公財）社会福祉振興・試験センター公表の「試験科目別出題基準」を必ずご確認ください。

精神医学と精神医療	
①精神疾患総論	1章－1・2・3・4・5・9
②精神疾患の治療	1章－1
③精神医療の動向	1章－1
④精神科医療機関における治療	1章－1、3章－5・7・8、5章－4、6章－1・2・5・6
⑤精神医療と保健、福祉の連携の重要性	2章－4、3章－2・4、5章－4、6章－1、7章－8

現代の精神保健の課題と支援	
①現代の精神保健分野の動向と基本的考え方	2章－10、7章－1
②家族に関連する精神保健の課題と支援	2章－2・8
③精神保健の視点から見た学校教育の課題とアプローチ	2章－1・3、4章－1
④精神保健の視点から見た勤労者の課題とアプローチ	2章－4、3章－7、4章－6、7章－4・5
⑤精神保健の視点から見た現代社会の課題とアプローチ	2章－5・6、3章－9、5章－2
⑥精神保健に関する発生予防と対策	1章－4、2章－6、5章－2
⑦地域精神保健に関する偏見・差別等の課題	2章－7、5章－4、6章－4
⑧精神保健に関する専門職種（保健師等）と国、都道府県、市町村、団体等の役割及び連携	2章－4・8、3章－2、5章－2、7章－8
⑨諸外国の精神保健活動の現状及び対策	2章－6・7・9

精神保健福祉の原理	
①障害者福祉の理念	3章－5・6、4章－2・3、7章－2
②「障害」と「障害者」の概念	4章－3、7章－1
③社会的排除と社会的障壁	1章－2、7章－7、3章－2・4、4章－1・2、6章－2
④精神障害者の生活実態	1章－1、2章－9、3章－7、6章－1・3、7章－3・4・5
⑤「精神保健福祉士」の資格化の経緯と精神保健福祉の原理と理念	2章－6・9、3章－1・2・3・4、4章－1・2、5章－2
⑥「精神保健福祉士」の機能と役割	3章－1・2、3章－2、10、5章－2、6章－2・5、7章－5

ソーシャルワークの理論と方法（専門）	
①精神保健福祉分野におけるソーシャルワークの概要	5章－1・2・3
②精神保健福祉分野におけるソーシャルワークの過程	1章－1、3章－4、5章－1・2・3・4・5
③精神保健福祉分野における家族支援の実際	4章－6
④多職種連携・多機関連携（チームアプローチ）	3章－10、5章－2・4・5、7章－2・3
⑤ソーシャルアドミニストレーションの展開方法	3章－4、5章－2
⑥コミュニティワーク	3章－2、4章－2、5章－2・4
⑦個別支援からソーシャルアクションへの展開	2章－8、3章－2・10、4章－3、5章－2、6章－2
⑧関連分野における精神保健福祉士の実践展開	2章－4、3章－7、6章－5

精神障害リハビリテーション論	
①精神障害リハビリテーションの理念、定義、基本原則	4章－3・4、5章－1、7章－6
②精神障害リハビリテーションの構成及び展開	4章－3
③精神障害リハビリテーションプログラムの内容と実施機関	4章－1・5・6、5章－2・4、6章－2・5、7章－2・3・4・5
④精神障害リハビリテーションの動向と実際	7章－2

精神保健福祉制度論	
①精神障害者に関する制度・施策の理解	6章－2
②精神障害者の医療に関する制度	1章－1、3章－5・7・8・9、4章－1、5章－2、6章－1・2・5、7章－7
③精神障害者の生活支援に関する制度	7章－3・4・8
④精神障害者の経済的支援に関する制度	6章－3

6

本書内容に関するお問い合わせについて

このたびは翔泳社の書籍をお買い上げいただき、誠にありがとうございます。弊社では、読者の皆様からのお問い合わせに適切に対応させていただくため、以下のガイドラインへのご協力をお願い致しております。下記項目をお読みいただき、手順に従ってお問い合わせください。

●ご質問される前に

弊社Webサイトの「正誤表」をご参照ください。これまでに判明した正誤や追加情報を掲載しています。

正誤表　https://www.shoeisha.co.jp/book/errata/

●ご質問方法

弊社Webサイトの「刊行物Q&A」をご利用ください。

刊行物Q&A　https://www.shoeisha.co.jp/book/qa/

インターネットをご利用でない場合は、FAXまたは郵便にて、下記"翔泳社愛読者サービスセンター"までお問い合わせください。
電話でのご質問は、お受けしておりません。

●回答について

回答は、ご質問いただいた手段によってご返事申し上げます。ご質問の内容によっては、回答に数日ないしはそれ以上の期間を要する場合があります。

●ご質問に際してのご注意

本書の対象を越えるもの、記述個所を特定されないもの、また読者固有の環境に起因するご質問等にはお答えできませんので、予めご了承ください。

●郵便物送付先およびFAX番号

送付先住所　〒160-0006　東京都新宿区舟町5
FAX番号　　03-5362-3818
宛先　　　　（株）翔泳社 愛読者サービスセンター

出る！出る！

要点チェックポイント

 ポイント① **精神疾患の成因と症状**

精神疾患の成因

成因	説明	例
内因性	原因がわからないもので精神疾患を起こしやすい素質のこと。脳内分泌液の調整障害でもあり、薬物療法が有効とされる	統合失調症 気分障害
外因性	身体的な病変があり原因がはっきりしている。脳に限らず、広く身体の病変が精神障害の原因となるもの	認知症 アルコール依存症
心因性	精神的ストレス等が要因で精神疾患になるもの	パニック障害 気分変調性障害

精神症状

意識障害	知覚、注意、思考、判断、記憶など一連の能力が均一に一過的ないし持続的に障害されたものをいう
失見当識	現在の時間・場所、周囲の人・状況などが正しく認識できなくなること。意識障害や認知症などで現れる
記憶障害	記憶を思い出すことができない、また、新たなことを覚えることができない、などの記憶に関する障害の総称
知能障害	脳内の器質的病変や精神発育遅滞、意識混濁やせん妄等の意識障害によって生じる見当識・記銘力・記憶力・計算力・社会的常識の低下を指す
知覚障害	末梢神経に何の障害もないのに生じる知覚の障害。錯覚（感覚されたものが誤って知覚される）と幻覚（感覚刺激がないのに知覚する）がある
思考障害	思考の過程や内容、体験様式に異常をきたすこと。思考過程の異常には思考制止・観念奔逸などがある。そのほかに、妄想は思考内容の異常、強迫観念は思考を体験する様式の異常とされる
感情の障害	爽快、抑うつ、悲哀、多幸感、興奮的、刺激性、反抗性等がある

精神疾患の治療

向精神薬

種類	対象疾患	作用
抗精神病薬	統合失調症、躁うつ病等	幻覚、妄想、不安・緊張、精神運動興奮、錯乱状態などを改善する
抗不安薬	神経症等	不安を抑える
抗うつ薬	うつ病、うつ状態、強迫性障害、パニック障害等	感情に作用する物質の流れを良好にする
抗躁薬	躁病、躁状態等	血中濃度に作用する
睡眠薬	不眠、睡眠障害等	眠気を改善する

治療法

精神療法	治療者が心理的な手段を用いて患者の心身に働きかけることによって、精神疾患の治療を行う
作業療法	作業を行うことにより、病気の回復や社会復帰の促進を図り、患者の主体的な生活の獲得を図る治療法
SST	ソーシャルスキルトレーニング(Social Skills Training)の略で社会生活技能訓練を指す。対人関係技能を改善する認知行動療法の一つ
電気けいれん療法	頭部の皮膚上から脳に通電する治療法

 統合失調症、うつ病、躁うつ病、躁病

統合失調症	・好発年齢は15〜35歳程度で、発病の原因は不明であるが、ストレス脆弱性説、神経伝達物質のドーパミン亢進が有力とされる ・陽性症状と陰性症状に分けられ、陽性症状には妄想、幻覚、滅裂思考、奇異な言動等があり、陰性症状には感情鈍麻や無気力、自閉、無関心等がある
うつ病 躁うつ病 躁病	・うつ病では、抑うつ気分、興味、喜びの著しい減退、体重減少・増加、不眠・過眠、精神運動焦燥または制止、疲労感または気力の減退、無価値観または罪責感、思考や集中力の減退、死についての反復思考、自殺念慮・自殺企図などの症状がみられる ・躁病は、気分が異常かつ持続的に高揚し、開放的で、またはいらだたしい気分および目標志向性の活動またはエネルギーが持続的に増大する、いつもとは異なった期間が少なくとも1週間持続し、1日のほとんどでほぼ毎日症状が存在する(DSM-5の診断基準)

1 精神疾患について

Q1

☑ ☑

野口英世は、進行麻痺の解明に貢献した。

Q2

☑ ☑

森田正馬は、司法精神医学の発展に貢献した。

Q3

☑ ☑

呉秀三は、電気けいれん療法の普及に貢献した。

Q4

☑ ☑

クレペリンは、精神分析療法を創始した。

Q5

☑ ☑

シュナイダーは、精神障害者の処遇改善に貢献した。

Q6

☑ ☑

脳の前頭葉では、空間や身体の認知が行われる。

Q7

☑ ☑

脳の頭頂葉では、意欲や意思の統合が行われる。

Q8

☑ ☑

脳の側頭葉では、言語の理解が行われる。

Q9

☑ ☑

脳の辺縁系では、筋緊張の調整が行われる。

A1 　○　野口英世は［黄熱病］の研究で有名だが、［進行麻痺（麻痺性痴呆）］の原因究明にも貢献した。

A2 　×　森田正馬が創始した［森田療法］は［精神療法］であり、触法行為者の責任能力の有無を判定する司法精神医学とは異なる。

A3 　×　呉秀三は、［無拘束的処遇］や［作業療法］の普及に貢献した。

A4 　×　クレペリンは、ドイツの精神科医で、精神病を［統合失調症］と［双極性障害］に分類した。精神分析療法はオーストリアの［フロイト］が創始した。

A5 　×　シュナイダーは統合失調症の［症状（自我障害）］をまとめた。精神障害者の処遇改善に貢献したのは、無拘束的処遇を提唱した［呉秀三］である。

A6 　×　脳の前頭葉は、［長期記憶］や［人格］、［情緒］、［行動］を調整している。

A7 　×　脳の頭頂葉では、［空間］や［身体］の認知が行われる。

A8 　○　脳の側頭葉は、［言語の理解］や［記憶］や物事の［判断］、［感情］の制御、［聴覚］をつかさどっている。

A9 　×　脳の辺縁系は、［情動］の表出、［意欲］、［記憶］や［自律神経活動］をつかさどっている。

Q10 大脳基底核では、自律神経系の統合が行われる。
☑ ☑

Q11 末梢神経系は脊髄と末梢神経からなる。
☑ ☑

Q12 間脳は視床が大部分を占める。
☑ ☑

Q13 脊髄の上端は小脳に続く。
☑ ☑

Q14 錐体路は脊髄で交叉する。
☑ ☑

Q15 大脳基底核は大脳皮質にある。
☑ ☑

Q16 修正型電気けいれん療法は、精神疾患に限られた療法である。
☑ ☑

Q17 修正型電気けいれん療法は、局所麻酔下で行う。
☑ ☑

Q18 修正型電気けいれん療法は、副作用として健忘がみられることがある。
☑ ☑

Q19 修正型電気けいれん療法は、けいれんを認めなくても効果がある。
☑ ☑

A10　✕　大脳基底核は、[運動] の調節、[認知機能]、[感情] や [動機づけ] をつかさどっている。

A11　✕　末梢神経系は、[脳] と [脊髄] よりなる [中枢神経] 系以外を指す。末梢神経系は、解剖学的には [脳神経] と [脊髄神経] に、機能的には [体性神経系] と [自律神経系] に分類される。

A12　○　間脳は [視床]、[視床上部]、[視床後部]、[視床下部] の4部からなり、[視床] が大部分を占める。

A13　✕　脊髄は、[延髄の尾側] から始まり、第一腰椎と第二腰椎の間の高位で [脊髄円錐] となって終わる。

A14　✕　錐体路は [延髄] を通る時に交叉する。[随意] 運動を支配している。

A15　✕　大脳基底核は、[大脳皮質] と [視床]・[脳幹] を結び付けている神経核の集まりである。

A16　✕　修正型電気けいれん療法は、精神疾患だけでなく、パーキンソン病等の [神経疾患] にも適応されている。

A17　✕　修正型電気けいれん療法は、原則的に [全身麻酔] 下で実施する。

A18　○　修正型電気けいれん療法は、[健忘]・[めまい]・[頭痛]・[嘔気]・[筋肉痛] 等の副作用が認められる。

A19　○　修正型電気けいれん療法は、筋肉を弛緩する筋弛緩剤を用いるため、けいれんが [ない] 場合もある。

1 精神疾患とその治療

13

Q20 一過性全健忘は、ICD-10（国際疾病分類第10版）で「神経症性障害、ストレス関連障害および身体表現性障害（F4）」に分類される。
☑ ☑

Q21 ガンザー症候群は、ICD-10（国際疾病分類第10版）で「神経症性障害、ストレス関連障害および身体表現性障害（F4）」に分類される。
☑ ☑

Q22 幻聴は、思考の障害に分類される。
☑ ☑

Q23 妄想は、知能の障害に分類される。
☑ ☑

Q24 せん妄は、意識の障害に分類される。
☑ ☑

Q25 作為（させられ）体験は、意欲の障害に分類される。
☑ ☑

Q26 初診時の面接では、まず病歴から聴取し、その後に主訴を聴取する。
☑ ☑

Q27 初診時の面接では、原則として、家族、患者の順で面接を行う。
☑ ☑

Q28 初診時の面接では、症状を専門用語で要約するよりも、具体的内容を記述する。
☑ ☑

Q29 初診時の面接では、机を間にして、患者と真正面に向かい合って行う。
☑ ☑

A20 ✕ 一過性全健忘は、[脳卒中] や [頭部外傷]、[てんかん] 等を原因として起きる症状で、ICD-10（国際疾病分類第10版）で「挿間性及び発作性障害（G4）」に分類される。

A21 〇 ガンザー症候群は [ストレス] によって生じる [心因性] の精神疾患であり、[解離性障害] の症状である。

A22 ✕ 幻聴は統合失調症の症状で、[知覚] の障害に分類される。

A23 ✕ 妄想は統合失調症の症状で、[思考] の障害に分類される。

A24 〇 せん妄は認知症の症状で、幻覚や錯覚が見える [意識] の障害に分類される。

A25 ✕ 作為体験は統合失調症の症状で、[自我] の障害に分類される。

A26 ✕ 初診時の面接では、まず [主訴] や [困り事] を聴取し、その後に [病歴] や [既往歴] を聴取する。

A27 ✕ 初診時は、まず [患者] の訴えを聴取し、その状況等の事実確認を含めた補完のために [家族] から聴取をする。

A28 〇 初診時の面接では、病気の知識がないことや混乱状態のため、具体的内容を [わかりやすい言葉] で記述することが大切である。

A29 ✕ 初診時の面接では、患者と [少しずれて座る] とよい。真正面に向かい合うと患者が緊張する。

Q30 森田療法は、システム論である。

☑ ☑

Q31 認知行動療法では、コーピングを用いる。

☑ ☑

Q32 ベックは、認知行動療法を創始したアメリカの精神科医である。

☑ ☑

Q33 精神疾患の発症については、「脆弱性－ストレスモデル」が提唱されている。

☑ ☑

Q34 DSM-5（精神疾患の分類と診断の手引 第5版）は、WHOが作成した診断基準である。

☑ ☑

Q35 頭部CT検査の所見は、パニック障害の診断に役立つ。

☑ ☑

Q36 頭部CT検査の所見は、正常圧水頭症の診断に役立つ。

☑ ☑

Q37 心理教育では、訓練を通じて、生活技能を向上させる。

☑ ☑

Q38 心理教育では、認知のあり方に働きかけて、認知の歪みを修正させる。

☑ ☑

Q39 心理教育では、自由に浮かぶ考えを検討して、無意識の葛藤を洞察させる。

☑ ☑

A30　✕　森田療法の第1期では、[絶対臥褥] といった食事と排泄以外の行動はせずに休むことを原則としている。

A31　○　認知行動療法の代表例としてSST（ソーシャルスキルトレーニング）があり、[コーピングスキル（対処行動）]が向上するように働きかける。

A32　○　アーロン・ベックは、[認知行動] 療法の理論的基礎を作ったアメリカの精神科医である。

A33　○　精神疾患は発症しやすい素質とストレスが組み合わさった際に呈するといわれており、[脆弱性－ストレス（ストレス脆弱性）] モデルともいわれる。

A34　✕　DSM-5は [アメリカ精神医学会] が定めた指針である。WHOが定めたものは [ICD-10] である。

A35　✕　パニック障害は、[何の原因もなく] 動悸や息切れ等の発作を起こす。頭部CT検査で診断することはできない。

A36　○　正常圧水頭症は、髄液が脳室にとどまり、周りの脳を [圧迫] することにつながる。頭部CT検査で確認することができる。

A37　✕　心理教育は、[病気に対応する術] を考えていく治療法である。

A38　✕　心理教育では、認知のあり方には働きかけない。認知面に働きかけるのは [認知行動療法] である。

A39　✕　心理教育では、無意識の葛藤を洞察 [しない]。[精神分析療法] では、自由連想法を用いて洞察する。

Q40
☑ ☑

心理教育では、病気や障害の正しい知識を伝え、諸課題への対処法を習得させる。

Q41
☑ ☑

オペラント条件付けは、認知行動療法に関係が深い概念である。

Q42
☑ ☑

患者の身体拘束において、精神保健福祉士の判断が必須である。

Q43
☑ ☑

医療保護入院患者の退院において、精神保健指定医の判断が必須である。

Q44
☑ ☑

ブロイラーは、早期性痴呆をスキゾフレニア（統合失調症）と改称した人物である。

Q45
☑ ☑

ピネルは、開放的処遇による精神科医療を提唱した。

Q46
☑ ☑

バザーリアは、精神科病院の廃止を訴え、法律第180号の制定運動にかかわった人物である。

Q47
☑ ☑

小児自閉症は、脳波検査で診断される。

Q48
☑ ☑

パニック障害は、脳波検査で診断される。

Q49
☑ ☑

複雑部分発作は、脳波検査で診断される。

A40 　○ 心理教育では、病気や障害の[正しい知識]を知り、グループワークを通して諸課題への[対処法]を習得する。

A41 　× オペラント条件付けは、報酬や罰となる刺激によってその行動変容を起こす手続きを指し、[行動主義心理学]に関係が深い概念である。

A42 　× 患者の身体拘束において、[精神保健指定医]の判断が必須である。

A43 　× 医療保護入院において、精神保健指定医の判断と[家族]の同意が必要である。医療保護入院患者の退院には、精神保健指定医の判断は必須[ではない]。

A44 　○ ブロイラーはスイスの精神科医。早期性痴呆を[統合失調症]と改称し、[基本症状(連合弛緩、自閉性、感情障害、両価性)]を提唱した。

A45 　○ ピネルはフランスの精神科医。精神病患者を[鎖から解き放った]医師といわれている。

A46 　○ バザーリアはイタリアの精神科医。精神科病院の[廃絶]と地域で治す精神科医療の創出に尽力した。

A47 　× 小児自閉症は先天的な脳の機能障害で、[行動特徴(視線が合わない、強いこだわり、一人遊びが多い等)]で判断する。

A48 　× パニック障害は、何の原因もなく動悸や息切れ等の発作を起こし、その[身体症状]で判断する。

A49 　○ 複雑部分発作はてんかんの症状の一つ。てんかんは[脳波]で特徴的な波形が認められる。

Q50

モデリングは、社会生活技能訓練（SST）で用いられる技法である。

☑ ☑

Q51

催眠は、社会生活技能訓練（SST）で用いられる技法である。

☑ ☑

Q52

絶対臥褥（がじょく）は、社会生活技能訓練（SST）で用いられる技法である。

☑ ☑

Q53

日本のうつ病患者数は、年々増えている。

☑ ☑

Q54

日本の統合失調症者数は、年々増えている。

☑ ☑

Q55

日本のアルコール依存症者数は、年々増えている。

☑ ☑

Q56

日本のアルツハイマー病者数は、年々増えている。

☑ ☑

Q57

日本の神経症性障害、ストレス関連障害及び身体表現性障害者数は、年々増えている。

☑ ☑

Q58

考想化声は、気分障害よりも統合失調症が強く疑われる症状である。

☑ ☑

A50 ○ モデリングとは、他者の見本を見てそれを真似して［学習］する手法。SSTのセッションの中で用いられる。

A51 × 催眠は、催眠誘導という手法で潜在意識の中に注意を向けていく［心理］療法である。

A52 × 絶対臥褥は森田療法の治療プロセスの一つで、［神経症］の治療に用いる。

A53 ○ 日本のうつ病患者数は、1999（平成11）年では24.3万人、2020（令和2）年では［127.5］万人（2020（令和2）年患者調査）で、年々［増えて］いる。

A54 ○ 日本の統合失調症者数は、1999（平成11）年では66.6万人、2020（令和2）年では［88.0］万人（2020（令和2）年患者調査）であり、年々［増えて］いる。

A55 ○ 日本のアルコール依存症者数は、1999（平成11）年では3.7万人、2020（令和2）年では［5.2］万人（2020（令和2）年患者調査）であり、年々［増えて］いる。

A56 ○ 日本のアルツハイマー病者数は、1999（平成11）年では2.9万人、2020（令和2）年では［79.4］万人（2020（令和2）年患者調査）であり、年々［増えて］いる。

A57 ○ 日本の神経症性障害、ストレス関連障害及び身体表現性障害者数は、1999（平成11）年では42.4万人、2020（令和2）年では［124.3］万人（2020（令和2）年患者調査）であり、年々［増えて］いる。

A58 ○ ［考想化声］は、自分の考えが声になって聞こえる異常体験で、［統合失調症］の幻聴の症状である。

Q59
☑ ☑
自殺念慮は、気分障害よりも統合失調症が強く疑われる症状である。

Q60
☑ ☑
罪業妄想は、気分障害よりも統合失調症が強く疑われる症状である。

Q61
☑ ☑
観念奔逸は、気分障害よりも統合失調症が強く疑われる症状である。

Q62
☑ ☑
思考制止は、気分障害よりも統合失調症が強く疑われる症状である。

Q63
☑ ☑
任意入院では、精神保健指定医が必要と認めれば72時間に限り退院を制限できる。

Q64
☑ ☑
医療保護入院では、2名の精神保健指定医が認めれば家族等の同意は不要である。

Q65
☑ ☑
措置入院では、家族の同意が得られた時点で速やかに医療保護入院に切り替える。

Q66
☑ ☑
緊急措置入院では、精神保健指定医の診察なしで72時間に限り入院させることができる。

Q67
☑ ☑
家族等の同意はないが医療保護が必要であると精神保健指定医が判断した場合は、医療保護入院という措置がとられる。

Q68
☑ ☑
措置入院は、家庭裁判所の権限による入院形態である。

1

精神疾患とその治療

A59　✕　[自殺念慮] は、死にたい気持ちを指し、主として [うつ病] の症状である。

A60　✕　[罪業妄想] は、自身の行為や気持ちに罪悪感を抱き自分自身を責める妄想で、[うつ病] の症状である。

A61　✕　[観念奔逸] は、考えが次々と浮かんでくる状態で、[躁病] の症状である。

A62　✕　[思考制止] は、考えがスムーズにいかないことを指し、主として [うつ病] の症状である。

A63　○　任意入院では、精神保健指定医が必要と認めれば [72] 時間に限り退院を制限できる。[特定医師] の場合は12時間まで退院を制限できる。

A64　✕　医療保護入院では、必ず [家族等] の同意が必要である。家族等がない、又は家族等の全員が意思を表示できない場合は、[市町村長] が同意を行う。

A65　✕　措置入院は [都道府県知事] の権限で行う強制入院。家族の同意は関係ない。

A66　✕　緊急措置入院は [精神保健指定医] 1名の診察でも入院が可能な制度である。

A67　✕　本人またはその保護者の同意がなくても精神保健指定医が緊急の入院が必要と認めた場合は、72時間を限度として [応急入院] が行われる。本人の同意がなく家族等の同意がある場合は [医療保護入院] となる。

A68　✕　措置入院は、[都道府県知事] の診察命令による2人以上の精神保健指定医の診察の結果が一致して入院が必要と認められた場合に、[都道府県知事] の決定により行われる入院形態である。

Q69 日本の自殺死亡率は米国、英国と比べ低い。

☑ ☑

Q70 自殺者数は、40歳代から60歳代の男性で全体の4割近くを占める。

☑ ☑

Q71 自殺は20歳から39歳までの死因の第2位である。

☑ ☑

Q72 自殺者数でみると自殺の原因・動機としては経済・生活問題が最も多い。

☑ ☑

Q73 自殺者数は1998（平成10）年から2020（令和2）年まで年間3万人を超えている。

☑ ☑

Q74 チック障害は、ICD-10に基づく「神経症性障害、ストレス関連障害および身体表現性障害（F4）」に含まれる。

☑ ☑

Q75 適応障害は、ICD-10に基づく「神経症性障害、ストレス関連障害および身体表現性障害（F4）」に含まれる。

☑ ☑

Q76 双極性感情障害は、ICD-10に基づく「神経症性障害、ストレス関連障害および身体表現性障害（F4）」に含まれる。

☑ ☑

Q77 統合失調症は、ICD-10に基づく「神経症性障害、ストレス関連障害および身体表現性障害（F4）」に含まれる。

☑ ☑

A69 ✕ 人口10万人当たりの自殺死亡率は、日本 [15.7] 人、米国 [14.6] 人、英国 [8.4] 人（2016年度WHO報告）。

A70 ◯ 「令和3年中における自殺の状況」（警察庁）によると、日本では、自殺者の [66.4] ％が男性で、統計的には男性は女性よりも約 [2] 倍自殺している。

A71 ✕ 「人口動態調査」（厚生労働省）によると、自殺は20歳から39歳までの死因の第 [1] 位。

A72 ✕ 「令和3年中における自殺の状況」（警察庁）によると、自殺の原因・動機で最も多いのは [健康問題] であり、次いで [経済・生活問題]、[家庭問題] である。

A73 ✕ 「令和3年中における自殺の状況」（警察庁）によると、1998（平成10）年は3万2,863人で14年連続で3万人を超えていたが、[2012（平成24）] 年以降は3万人を下回り、2021（令和3）年は2万1,007人である。

A74 ✕ チック障害は、ICD-10に基づく「小児＜児童＞期及び青年期に通常発症する行動および情緒の障害（F9）」に分類される。

A75 ◯ 適応障害は、ICD-10に基づく「神経症性障害、ストレス関連障害及び身体表現性障害（F4）」に分類される。

A76 ✕ 双極性感情障害は、ICD-10に基づく「気分（感情）障害（F3）」に分類される。

A77 ✕ 統合失調症は、ICD-10に基づく「統合失調症、統合失調症型障害及び妄想性障害（F2）」に分類される。

Q78 血管性認知症は、ICD-10に基づく「神経症性障害、ストレス関連障害および身体表現性障害（F4）」に含まれる。

☑ ☑

Q79 転移は認知療法の用語である。

☑ ☑

Q80 自動思考は認知療法の用語である。

☑ ☑

Q81 2020（令和2）年患者調査によると、精神疾患を有する総患者数は約100万人である。

☑ ☑

Q82 2020（令和2）年患者調査によると、精神疾患を有する総患者数のうち、最も多いのは統合失調症である。

☑ ☑

Q83 2021（令和3）年医療施設（動態）調査・病院報告によると、精神病床数は約32万床である。

☑ ☑

Q84 2020（令和2）年患者調査によると、精神病床における入院患者数で、最近10年の認知症（アルツハイマー病）は横ばいである。

☑ ☑

Q85 2020（令和2）年医療施設（動態）調査・病院報告によると、精神病床における平均在院日数は1年を超えている。

☑ ☑

Q86 抗精神病薬の主な副作用として、健忘や脱抑制がある。

☑ ☑

Q87 精神科を主たる診療科目として標榜する診療所は、精神保健福祉士の勤務が必須である。

☑ ☑

A78　✕　血管性認知症は、ICD-10に基づく「症状性を含む器質性精神障害（F0）」に分類される。

A79　✕　転移は［精神分析］の用語である。

A80　○　自動思考とは、とっさに頭に浮かんだ考えのことを指し、［認知療法］の用語である。

A81　✕　2020（令和2）年患者調査によると、精神疾患を有する総患者数は［502.5万］人である。

A82　✕　2020（令和2）年患者調査によると、精神疾患を有する総患者のうち最も多いのは［うつ病］の127.5万人である。［統合失調症］は88.0万人で2番目に多い。

A83　○　2021（令和3）年医療施設（動態）調査・病院報告によると、精神病床数は約［32.3万］床である。

A84　✕　2020（令和2）年患者調査によると、認知症（アルツハイマー病）の入院患者は年々［増加］傾向である。2011（平成23）年は4.1万人、2014（平成26）年は4.7万人、2017（平成29）年は4.9万人、2020（令和2）年は5.1万人。

A85　✕　2021（令和3）年医療施設（動態）調査・病院報告によると、精神病床における平均在院日数は［275］日で1年を［下回っている］。

A86　✕　抗精神病薬の主な副作用は、［口渇］や［便秘］、［遅発性ジスキネジア］（口唇や舌をモグモグ動かすような口周囲の不随意運動）である。

A87　✕　精神科を主たる診療科目として標榜する診療所に、精神保健福祉士の勤務は［必須ではない］。

Q88 精神科を主たる診療科目として標榜する診療所は、2011（平成23）年以降著しく減少している。

☑ ☑

2 認知症性疾患・精神作用物質による精神及び行動の障害

Q89 コルサコフ症候群では、作話を認める。

☑ ☑

Q90 母親の大量飲酒によって、胎児性アルコール症候群が起こり得る。

☑ ☑

Q91 アルコールの離脱症状の治療で必要なのは、ビタミンAの投与である。

☑ ☑

Q92 コルサコフ症候群では、見当識障害がある。

☑ ☑

Q93 アルツハイマー型認知症では、手指の振戦、筋固縮、無動、姿勢反射が目立つ。

☑ ☑

Q94 レビー小体型認知症では、記憶障害が主症状で緩徐に進行する。

☑ ☑

Q95 クロイツフェルト・ヤコブ病では、幻視が先行し動作が緩慢になり前傾姿勢が目立ってくる。

☑ ☑

A88　✕　精神科を主たる診療科目として標榜する診療所は、2011（平成23）年では［5,739］施設、2017（平成29）年では［6,864］施設であり［増加］している。

A89　○　コルサコフ症候群は健忘症候群とも呼ばれ、［作話］や［健忘・見当識障害］の症状を呈する。

A90　○　胎児性アルコール症候群は、［妊娠中］の飲酒が胎児に影響を及ぼし、［学習障害］や［行動障害］等の発達障害を呈する。

A91　✕　アルコール依存症者は［ビタミンB₁（チアミン）］が不足するため、［ビタミンB₁］の投与や［抗不安薬］や［不眠症治療薬］が有効。

A92　○　コルサコフ症候群は、［健忘症状（記銘力障害、見当識障害、作話）］が生じる。

A93　✕　［パーキンソン病］は、手指の振戦、筋固縮、無動、姿勢反射が目立つ。

A94　✕　レビー小体型認知症は、早期に［幻視］が出現し、徐々に認知症が進行していく。

A95　✕　クロイツフェルト・ヤコブ病は、急速に進行し、身体の［不随意運動］等の神経症状が現れる。

Q96 ☑ ☑ パーキンソン病では、ミオクローヌスの出現とともに急速に認知症が進行する。

Q97 ☑ ☑ ピック病では、健忘より性格変化と社会機能の低下が特徴である。

Q98 ☑ ☑ 血管性認知症では、せん妄の症状がある。

Q99 ☑ ☑ 認知症患者に用いられるドネペジル塩酸塩は、心疾患には特に注意が必要である。

3 統合失調症

Q100 ☑ ☑ 統合失調症は、心因性精神障害に分類される。

Q101 ☑ ☑ 統合失調症では、幻覚をしばしば認める。

Q102 ☑ ☑ 統合失調症では、見当識障害がある。

Q103 ☑ ☑ 統合失調症は、ICD-10では、F3群に分類される。

A96　✗　ミオクローヌスが出現する疾患は、[てんかん]、[アルツハイマー型認知症]、[クロイツフェルト・ヤコブ病] 等である。

A97　○　ピック病では [性格の変化] が症状として現れ、我慢ができなかったりすぐに怒るといった症状が目立つ。

A98　○　せん妄は [認知症] の症状の一つで、幻視や妄想・意識混濁を呈し、大声や暴力等の興奮状態となる。

A99　○　ドネペジル塩酸塩の副作用として [食欲不振]、[嘔吐]、[下痢] などがあるが、[心疾患（心停止・心筋梗塞など）] への重大な副作用も報告されている。

A100　✗　統合失調症は [内因性] の精神疾患である。

A101　○　統合失調症には [陽性症状] と [陰性症状] があり、幻覚は [陽性症状] の一つである。

A102　✗　見当識障害は、[認知症] や [高次脳機能障害] 等で認められる。

A103　✗　統合失調症は ICD-10 で [F2] 群に分類される。F3群は [気分（感情）障害] の分類である。

Q104 統合失調症では、破瓜型（は か）の発症年齢は妄想型よりも
早い傾向がある。

☑ ☑

Q105 統合失調症の病型で、最も予後が良いのは妄想型で
ある。

☑ ☑

Q106 統合失調症は、緩徐に発症する方が予後が良い。

☑ ☑

Q107 統合失調症は、若年発症より遅発発症の方が予後が
良い。

☑ ☑

Q108 統合失調症の発症率は女性よりも男性の方が高い。

☑ ☑

Q109 統合失調症は、女性より男性の方が予後が良い。

☑ ☑

Q110 統合失調症は急性期には陽性症状、慢性期には陰性
症状が優勢になる。

☑ ☑

Q111 統合失調症では、薬物療法は陽性症状よりも陰性症
状に対して効果がある。

☑ ☑

Q112 統合失調症の治療には、抗精神病薬が用いられるが、
幻覚や妄想よりも自閉や自発性低下に有効である。

☑ ☑

Q113 統合失調症の治療に、電気けいれん療法を用いる。

☑ ☑

A104　○　統合失調症では、破瓜型の発症年齢は妄想型よりも［早い］傾向がある。破瓜型は［思春期〜青年期］に発病し、妄想型は［30歳代］頃までが発病時期とされている。また緊張型は［20歳代］までに急性発症する。

A105　✕　統合失調症の病型では、最も予後が良いのは［緊張］型で、次いで［妄想］型、最も予後が悪いのは［破瓜］型である。

A106　✕　統合失調症は、急激に発症した方が予後が［良い］とされ、緩徐（ゆるやか）に発症するのは［破瓜］型に分類され予後が［悪い］。

A107　○　統合失調症は、若年発症より遅発発症の方が予後が［良い］。

A108　✕　統合失調症の発症率の男女比は［1］対［1］である。

A109　✕　統合失調症は、［男性］より［女性］の方が予後が良い。

A110　○　統合失調症の［陽性］症状（妄想、幻覚、興奮等）は急性期に、［陰性］症状（感情鈍麻、無気力等）は慢性期に優勢になる。

A111　✕　統合失調症では、薬物療法は［陽性症状］に対して効果がある。

A112　✕　統合失調症の治療には、抗精神病薬が用いられ、［幻覚や妄想］に有効である。ほかにも、不安・緊張・精神運動興奮などを改善する。意欲の低下や感情鈍麻などにはあまり有効でないとされる。

A113　○　統合失調症の治療に、電気けいれん療法を［用いる］。ほかに［抗精神病薬］を使う薬物療法や、専門家と話をする心理社会療法がある。

Q114 統合失調症の緊張病状態では、ある姿勢をさせるとその姿勢を保ち続けることがある。

☑ ☑

Q115 被害妄想とは、自分に危害が及ぼされていると確信している状態である。

☑ ☑

Q116 誇大妄想とは、自分の能力や境遇を過大に評価する状態である。

☑ ☑

Q117 妄想気分とは、自分の周囲が何となく不気味で怖く感じる状態である。

☑ ☑

Q118 妄想着想とは、突然間違った思い込みが頭の中に浮かぶ状態である。

☑ ☑

Q119 抑うつ気分は、「気を失うかと思う」という症状を指す。

☑ ☑

Q120 貧困妄想は、「大切にしていた着物を家族に盗まれた」という症状を指す。

☑ ☑

Q121 パニック発作は、「車を運転したときに交通事故を起こしたような気がする」という症状を指す。

☑ ☑

Q122 被害妄想は、「隣の家の人が電磁波攻撃を仕掛けてくる」という症状を指す。

☑ ☑

Q123 強迫観念は、「誰もいないのに人の声が聞こえてきた」という症状を指す。

☑ ☑

A114　○　統合失調症の［緊張病型］では姿勢保持の症状が認められる。

. . . .

A115　○　［被害妄想］は、自分に危害が及ぼされていると確信している状態である。

. . . .

A116　○　［誇大妄想］とは、自分の能力や境遇を過大に評価する状態である。

. . . .

A117　○　［妄想気分］とは、自分の周囲が何となく不気味で怖く感じる状態である。

. . . .

A118　○　［妄想着想］とは、ある考えや古い記憶が突然思いがけない意味を持って思い出され、強固な確信に至ることを指す。

. . . .

A119　✕　抑うつ気分は、［憂鬱］・［悲しい］・［気落ちする］・［落ち込む］ような気分を指す。

. . . .

A120　✕　「大切にしていた着物を家族に盗まれた」というのは［被害妄想］が妥当である。貧困妄想は、「自身は貧しい」「借金を抱えてしまった」等と信じる妄想を指す。

. . . .

A121　✕　パニック発作は、［極めて強い苦痛や不安・恐怖］等が突然現れて短時間で収まる発作を指す。「車を運転したときに交通事故を起こしたような気がする」というのは［関係妄想］が妥当。

. . . .

A122　○　［被害妄想］は、他人から悪意をもって害されていると信じる妄想を指す。

. . . .

A123　✕　「誰もいないのに人の声が聞こえてきた」という症状は［幻聴］である。

4 うつ病・躁うつ病・躁病

Q124
☑ ☑
双極性感情障害（躁うつ病）は、神経症の一類型と考えられる。

- -

Q125
☑ ☑
うつ病では、妄想を生じることがある。

- -

Q126
☑ ☑
うつ病では、興味や喜びの喪失がみられる。

- -

Q127
☑ ☑
うつ病の確定診断には、脳波検査が必要である。

- -

Q128
☑ ☑
うつ病の精神療法では、精神分析が最も有効である。

- -

Q129
☑ ☑
うつ病の治療薬として、ベンゾジアゼピン系薬剤が第一選択である。

- -

Q130
☑ ☑
うつ病の治療には、電気けいれん療法を用いる。

- -

Q131
☑ ☑
うつ病患者が「職場が原因なのですぐに退職したい」と相談に来た場合に、精神保健福祉士がまず行うべき対応として、職場の配置換えの交渉を促すことがある。

- -

Q132
☑ ☑
双極性感情障害の寛解期は、年齢とともに長くなる傾向がある。

A124 ✕ 双極性感情障害は［内因性］の精神疾患である。

A125 ◯ うつ病の妄想は抑うつ気分にともなう二次妄想が主流で、［心気］妄想・［罪業］妄想・［貧困］妄想を呈することがある。

A126 ◯ うつ病では、［喜び］を感じなくなり、［集中力］が低下し、［興味や関心］が喪失することがある。

A127 ✕ 脳波検査は［てんかん］の診断の際に用いる。うつ病では、抑うつ気分や興味・喜びの喪失、不眠・睡眠過多等の症状を総合的に評価して判断する。

A128 ✕ うつ病に対しては、［支持的精神療法］や［認知行動療法］が有効である。

A129 ✕ うつ病の治療薬には［三環系抗うつ薬］や［四環系抗うつ薬］、［SSRI］や［SNRI］が用いられる。

A130 ◯ うつ病の治療には、電気けいれん療法を［用いる］。ほかに［双極性感情障害］や［統合失調症］などの治療にも用いられる。

A131 ✕ うつ病患者には、職場の配置換えなどの生活を急に変更することは［しないよう］にする。

A132 ✕ 双極性感情障害の寛解期（症状の進行が止まっている期間）は、年齢に［関係なく］繰り返される。

Q133
☑ ☑
双極性感情障害は多くの場合、うつ病エピソードが躁病エピソードよりも長い。

Q134
☑ ☑
躁状態では、自分のものではない考えが勝手に浮かんでくる。

Q135
☑ ☑
躁状態の際は、連合弛緩（しかん）が生じる。

Q136
☑ ☑
うつ状態の際は、観念奔逸が生じる。

Q137
☑ ☑
うつ病では、誇大妄想が出現する。

Q138
☑ ☑
急性期のうつ病患者への家族の声掛けとして「旅行をして気分転換しましょう」と伝えるのは適切である。

Q139
☑ ☑
急性期のうつ病患者への家族の声掛けとして「大切なことを決めるのは後にしましょう」と伝えるのは適切である。

5 神経症性障害・ストレス障害・身体表現性障害

Q140
☑ ☑
恐怖状態では、特定の対象や状況への恐れが生じる。

A133 　○　双極性感情障害では多くの場合、うつ病エピ
　　　　　　ソードが躁病エピソードよりも［長い］とされ
　　　　　　ている。

A134 　✕　躁状態の際は、話や思考が飛躍する「観念奔逸」
　　　　　　の症状となることが多い。自分のものではない
　　　　　　考えが勝手に浮かんでくる症状は「思考促迫」
　　　　　　といい、解離性障害に多くみられる。

A135 　✕　躁状態の際は、考えが次から次へと湧いてくる
　　　　　　「観念奔逸」の症状となることが多い。連合弛緩
　　　　　　は［統合失調症］の症状で、支離滅裂になる状
　　　　　　態である。

A136 　✕　うつ状態の際は、［意欲］の減退や［自閉的］と
　　　　　　なる。

A137 　✕　うつ病では、［心気］妄想・［罪業］妄想・［貧困］
　　　　　　妄想を呈す。誇大妄想は［躁うつ病］の症状で
　　　　　　ある。

A138 　✕　うつ病には［休息］が重要であり、気分転換は
　　　　　　［病状が改善したのち］に行うのが相応しい。

A139 　○　重要な決断は急がずに、［病状が落ち着いてか
　　　　　　ら］行うのが望ましい。

A140 　○　恐怖状態では、［外出］恐怖や［空間］恐怖、［閉
　　　　　　所］恐怖等の症状がある。

Q141 心的外傷後ストレス障害（PTSD）では、回避の症状
が生じる。
☑ ☑

. . . .

Q142 心的外傷後ストレス障害（PTSD）では、食欲亢進の
症状が生じる。
☑ ☑

. . . .

Q143 心的外傷後ストレス障害（PTSD）では、カタレプ
シーの症状が生じる。
☑ ☑

. . . .

Q144 心的外傷後ストレス障害（PTSD）では、フラッシュ
バックの症状が生じる。
☑ ☑

. . . .

Q145 解離状態の際は、仮面様顔貌となる。
☑ ☑

. . . .

Q146 解離性障害の症状として運動失語が生じる。
☑ ☑

. . . .

Q147 トランスおよび憑依障害は、ICD-10 において解離
性（転換性）障害に含まれる。
☑ ☑

. . . .

Q148 心的外傷後ストレス障害（PTSD）では、アンヘドニ
アの症状が生じる。
☑ ☑

A141　○　心的外傷後ストレス障害（PTSD）における回避とは、［トラウマ体験を思わせるもの（状況、場所、人、物）］を避けることを指す。

A142　✕　心的外傷後ストレス障害（PTSD）では、食欲は［減退］する。

A143　✕　カタレプシーとは、筋肉が［緊張した］状態となり長い時間同一姿勢で［動かなくなる］症状で、［統合失調症］や［ヒステリー］で生じる。

A144　○　フラッシュバックとは、強い［トラウマ体験］を受けた場合に、後になってその記憶が突然かつ非常に鮮明に思い出されたり夢に見たりする現象で、［心的外傷後ストレス障害（PTSD）］において生じる。

A145　✕　仮面様顔貌は、［無表情］となり仮面をつけているような顔になることで、［パーキンソン症候群］の症状である。

A146　✕　解離性障害では自己の外傷的な体験やつらい問題を［身体症状］に転換する。症状として健忘、運動障害、けいれん、ガンザー症候群等が相当する。

A147　○　トランスおよび憑依障害は、ICD-10において［解離性（転換性）障害のF44.3］に分類される。

A148　○　［アンヘドニア］は快感消失や無快楽症のことで、［心的外傷後ストレス障害（PTSD）］やうつ病・強迫症・統合失調症においてみられる症状である。

精神疾患とその治療

1

6 生理的障害及び身体的要因に関連した行動症候群

Q149
☑ ☑
ジストニアとは、薬の副作用により部屋中歩き回るといったじっとしていられない症状である。

Q150
☑ ☑
ジスキネジアは、薬の副作用で立ったり座ったりするような常同運動（同じ動き）が生じる。

Q151
☑ ☑
神経性無食欲症の症状として、女性では無月経、男性では性機能障害を生じやすい。

Q152
☑ ☑
神経性無食欲症は、消化器疾患による食思不振から移行しやすい。

Q153
☑ ☑
レム睡眠行動障害は、寝言を伴う。

Q154
☑ ☑
睡眠相遅延症候群では、性欲は亢進する。

Q155
☑ ☑
睡眠時無呼吸症候群では、早朝覚醒が現れる。

7 知的障害・心理的発達の障害

Q156
☑ ☑
アスペルガー症候群では、常同的・反復的行動は稀である。

1

精神疾患とその治療

A149　✕　ジストニアは、薬の副作用で無意識に筋肉がこわばり、身体のねじれや顔面のけいれんといった[不随運動]が生じる症状である。そわそわしてじっとしていられない症状は、[アカシジア]である。

. . . .

A150　◯　[ジスキネジア]は、自身で止めることができない動きが繰り返し起こる症状である。

. . . .

A151　◯　神経性無食欲症（拒食症）の症状として、内分泌異常により、女性では[無月経]、男性では[性機能障害]を生じやすい。他の症状として、特異な無食欲・著しい痩せ・低栄養状態・内分泌障害などがある。

. . . .

A152　✕　神経性無食欲症は、家族内要因と個人要因が複雑に関与して発病すると考えられ、[神経性大食症（過食症）]と相互に移行することがある。

. . . .

A153　◯　レム睡眠行動障害とは、レム睡眠時に身体が動きだしてしまう睡眠障害である。[寝言]や異常行動が本人の見ていた夢と一致する。

. . . .

A154　✕　睡眠相遅延症候群では、性欲は[減退]する。

. . . .

A155　✕　睡眠時無呼吸症候群では、[中途]覚醒し、入眠[困難]となる。

A156　✕　アスペルガー症候群では、[常同的]・[反復的]行動を示す。

Q157 アスペルガー症候群は、関心や活動の範囲が広い。
☑ ☑

Q158 アスペルガー症候群は、相互的な社会的関係の質的障害を示す。
☑ ☑

Q159 アスペルガー症候群は、言語発達に遅れがみられる。
☑ ☑

Q160 アスペルガー症候群は、成人期になると症状がほぼ改善する。
☑ ☑

Q161 結節性硬化症は、知的障害（精神遅滞）の原因となる。
☑ ☑

Q162 クレチン病は、知的障害（精神遅滞）の原因となる。
☑ ☑

Q163 フェニルケトン尿症は、知的障害（精神遅滞）の原因となる。
☑ ☑

Q164 ダウン症候群は、知的障害（精神遅滞）の原因となる。
☑ ☑

Q165 クロイツフェルト・ヤコブ病は、知的障害（精神遅滞）の原因となる。
☑ ☑

Q166 注意欠如・多動症（ADHD）の不注意の症状としては、しゃべり過ぎたり不適切な状況で走り回ったり高い所へ登ったりすることが挙げられる。
☑ ☑

A157　✕　アスペルガー症候群は、関心や活動の範囲が [狭い]。

. . . .

A158　○　アスペルガー症候群は、[相互的な社会的関係の質的] 障害を示す。社会性・対人関係の障害をきたす。

. . . .

A159　✕　アスペルガー症候群は、言語発達に遅れが [みられない]。

. . . .

A160　✕　アスペルガー症候群は、成人期になっても症状は [継続] する。

. . . .

A161　○　結節性硬化症の症状として [葉状白斑]、[てんかん]、[精神発達遅滞] が特徴である。

. . . .

A162　○　クレチン病は、生まれつき [甲状腺ホルモン] が不足している状態。発達の遅れ、成長の遅れが生じる。

. . . .

A163　○　フェニルケトン尿症は酵素の機能的欠損により生じる。早期に治療を行わないと [精神遅滞] を引き起こす。

. . . .

A164　○　ダウン症候群は [21] 番染色体異常の疾患で、[運動発達] の遅れや [知能] の遅れが生じる。

. . . .

A165　✕　クロイツフェルト・ヤコブ病は中枢神経の変性疾患である。全身の不随意運動と急速に進行する [認知症] である。

. . . .

A166　✕　[多動衝動性] の症状としては、しゃべり過ぎたり不適切な状況で走り回ったり高い所へ登ったりすることが挙げられる。注意欠如・多動症（ADHD）の不注意の症状としては、活動に [集中できない]、[気が散りやすい]、[順序立てて取り組めない] などがある。

45

8　小児期及び青年期の障害・神経系の疾患

Q167
☑ ☑
てんかんの発症率は、1,000人に1人の割合である。

Q168
☑ ☑
てんかんは、多くの場合は知能障害を認める。

Q169
☑ ☑
てんかんは、単純部分発作では意識障害を伴う。

Q170
☑ ☑
てんかんの診断には、けいれんの存在が必須である。

Q171
☑ ☑
てんかんは、高齢の発症では症候性が多い。

Q172
☑ ☑
小児自閉症は、症状は3歳以降に現れる。

Q173
☑ ☑
小児自閉症は、同年代の子どもに関心を示す。

Q174
☑ ☑
小児自閉症は、女児に多い。

Q175
☑ ☑
小児自閉症は、興味の限局がある。

A167 ✕ てんかんの発症率は、[100] 人に1人の割合である。

A168 ✕ てんかんは、知能障害を [認めない]。

A169 ✕ てんかんは、[複雑] 部分発作では意識障害を伴う。単純部分発作では意識障害を伴わない。

A170 ✕ てんかんの診断には、病歴や発作の状況など情報収集と [脳波] 検査、神経画像検査が必須である。けいれんの存在は必須ではない。

A171 ○ てんかんは、高齢の発症では [症候性] が多い。

A172 ✕ 小児自閉症は、3歳 [以前] に発症する。

A173 ✕ 小児自閉症は、同年代の子どもに [無関心] であり、コミュニケーションが取れない。

A174 ✕ 小児自閉症は、[男児] に多く、[女児] の約 [4] 倍である。

A175 ○ 小児自閉症は、[興味] の限局や [常同的・反復的] パターンが認められる。

Q176 小児自閉症は、感覚失語を認める。

☑ ☑

---

9 心理検査・薬物療法

Q177 CMIは、知能検査の一種である。

☑ ☑

Q178 文章完成テスト（SCT：Sentence Completion Test）は、心理検査の一種である。

☑ ☑

Q179 MMPI（ミネソタ多面人格検査）は、作業能力検査の一種である。

☑ ☑

Q180 WAIS（ウェクスラー成人知能検査）は、気分の検査の一種である。

☑ ☑

Q181 ミニメンタルステート検査（MMSE）は、知能（IQ）を測るための検査である。

☑ ☑

Q182 TAT（絵画統覚検査）は、認知症のスクリーニング検査の一種である。

☑ ☑

Q183 簡易精神医学的評価尺度（BPRS：Brief Psychiatric Rating Scale）は、投影法による検査である。

☑ ☑

A176　✕　小児自閉症は、[相互的社会的関係]及び[コミュニケーション]の発達障害や、[興味の限局]がみられるが、感覚失語は認められない。感覚失語は左大脳半球の[ウェルニッケ]領域の損傷によって生じる症状である。

A177　✕　CMIはコーネル・メディカル・インデックスの略で、質問紙法の[性格]検査である。

A178　✕　文章完成テスト（SCT：Sentence Completion Test）は、投影法の[性格]検査である。

A179　✕　MMPI（ミネソタ多面人格検査）は、質問紙法の[性格]検査である。

A180　✕　WAIS（ウェクスラー成人知能検査）は、質問紙法の[知能]検査である。

A181　✕　ミニメンタルステート検査（MMSE）は、[認知機能]の状態を評価する検査であり、主に認知症の診断に用いられる。

A182　✕　TAT（絵画統覚検査）は、投影法の[絵画統覚]検査である。

A183　✕　簡易精神医学的評価尺度（BPRS）は、[面接と観察]による精神症状評価尺度である。

Q184
☑ ☑

状態－特性不安検査（STAI：State-Trait Anxiety Inventory）は、投影法による検査である。

Q185
☑ ☑

手足の震えや小刻み歩行といった副作用が生じるのは、抗精神病薬である。

Q186
☑ ☑

統合失調症に対する抗精神病薬について、幻覚・妄想より認知機能障害に有効である。

Q187
☑ ☑

統合失調症に対する抗精神病薬について、高齢者に対しては、若年者より投与量を増やす。

Q188
☑ ☑

統合失調症に対する抗精神病薬について、症状寛解後も長期にわたる服薬を要する。

Q189
☑ ☑

統合失調症に対する抗精神病薬について、多剤併用を基本とする。

Q190
☑ ☑

抗精神病薬の炭酸リチウムは、抗てんかんに作用する。

Q191
☑ ☑

定型抗精神病薬は、ドーパミン受容体を遮断する作用がある。

Q192
☑ ☑

非定型抗精神病薬は、アセチルコリンエステラーゼ、を阻害する作用がある。

Q193
☑ ☑

ロールシャッハテストは、質問紙による心理検査である。

A184　✕　状態－特性不安検査（STAI）は、[質問紙] による評価法である。

A185　○　抗精神病薬の副作用として、[錐体外路症状（手足の震えや小刻み歩行等)] や [不随意運動] が生じる。

A186　✕　抗精神病薬は、主として [陽性症状（幻覚・幻視・妄想等)] の改善に有効である。

A187　✕　抗精神病薬は、高齢者には体力的な課題と薬の副作用も出やすいため、投与量は [控える] とよい。

A188　○　統合失調症では、症状寛解後の服薬は [継続] した方が望ましい。

A189　✕　統合失調症に対する抗精神病薬について、[単剤化] や [減薬] が基本になってきている。

A190　✕　気分安定薬（抗躁薬）の炭酸リチウムは、精神状態を鎮めて情緒を安定させる作用を持ち、[躁状態] の治療に使用される。

A191　○　定型抗精神病薬は、ドーパミンを抑制する作用を持ち、[陽性症状] の改善に効果がある。

A192　✕　非定型抗精神病薬は、[ドーパミン] や [セロトニン] 等の神経伝達物質へ作用し、陽性症状のみならず陰性症状や認知機能障害に対しても効果がある。

A193　✕　ロールシャッハテストは、[投影法] による心理検査である。

1

精神疾患とその治療

Q194
☑ ☑
ベンダーゲシュタルト検査は、質問紙による心理検査である。

Q195
☑ ☑
バウムテストは、質問紙による心理検査である。

Q196
☑ ☑
改訂長谷川式簡易知能評価スケール（HDS-R）は、うつ病を診断する心理検査である。

Q197
☑ ☑
文章完成テスト（SCT）は、質問紙による心理検査である。

Q198
☑ ☑
抗不安薬の副作用としてアカシジアが生じる。

Q199
☑ ☑
定型抗精神病薬の副作用として筋弛緩が生じる。

Q200
☑ ☑
非定型抗精神病薬の副作用として身体依存が生じる。

Q201
☑ ☑
炭酸リチウムの副作用として甲状腺機能亢進症が生じる。

Q202
☑ ☑
選択的セロトニン再取り込み阻害薬（SSRI）の副作用として賦活症候群が生じる。

A194　✕　ベンダーゲシュタルト検査は、［投影］法による［作業］能力を測る心理検査である。

. . . .

A195　✕　バウムテストは、［投影］法による心理検査である。

. . . .

A196　✕　改訂長谷川式簡易知能評価スケール（HDS-R）は、［認知症］を診断する［簡易知能］検査である。

. . . .

A197　✕　文章完成テスト（SCT）は［投影］法の心理検査である。

. . . .

A198　✕　抗不安薬の副作用として、［眠気］や［ふらつき］等が認められる。アカシジアは［抗精神病薬］の副作用で生じる。

. . . .

A199　✕　定型抗精神病薬の副作用として、［眠気］、［めまい］、［頭痛］、［不安］等が認められる。

. . . .

A200　✕　非定型抗精神病薬の副作用として、［眠気］や［体重］増加、［口渇］等が認められる。

. . . .

A201　✕　炭酸リチウムの副作用として、嘔吐・下痢・食欲不振・震え・めまい・運動失調等が認められる。甲状腺機能が［低下］する副作用もある。

. . . .

A202　○　選択的セロトニン再取り込み阻害薬（SSRI）の副作用として、［賦活症候群］を呈し、不眠・不安・焦燥・衝動性・めまい・ふらつき・性欲低下等が認められる。

2 精神保健の課題と支援

出る！出る！
要点チェックポイント

ポイント① 依存症対策

- アルコール依存症は、患者が自らをアルコール依存症であると認めることが困難であるため、否認の病気とも呼ばれている
- 2013（平成25）年にアルコール健康障害対策基本法が成立。国にはアルコール健康障害対策推進基本計画の策定の義務があり（2016（平成28）年に策定）、都道府県には国の定めた基本計画に基づき都道府県アルコール健康障害対策推進計画の策定の努力義務がある
- 薬物乱用とは、医薬品を本来の医療目的から逸脱した用法や用量あるいは目的のもとに使用すること、医療目的にない薬物を不正に使用することをいい、1回の使用でも薬物乱用となる
- 2018（平成30）年にギャンブル等依存症対策基本法が成立
- 近年では、ネット・ゲーム依存への対策も課題となっている

各種団体

団体	説明
AA（アルコホーリクス・アノニマス）	・アルコール依存症者のための自助団体 ・自分たちはアルコールに対して無力であることを認め合い、自らの経験を互いに伝え合うことで飲酒から脱することを目的とする ・回復のための12のステップがある
Al-Anon（アラノン）	・家族や友人など、周りに依存症者がいる人のための団体 ・子どもを対象にしたAlateen（アラティーン）もある
断酒会	・高知県で発祥したアルコール依存症者の自助団体 ・氏名を明らかにする点でAAとは異なる
NA（ナルコティクス・アノニマス）	薬物依存者のための自助団体
DARC（ダルク）	Drug Addiction Rehabilitation Centerの略で、薬物依存症の当事者が運営する民間のリハビリテーション施設

自殺（厚生労働省「令和3年中における自殺の状況」）

- 自殺者数を男女別にみると、男性は女性の約2倍。また、都市部よりも地方各県において自殺発生率が高い傾向にある
- 若年層では死因の第1位として自殺が挙げられるが、自殺者数では2021（令和3）年では、50代（3,618人）、40代（3,575人）が高くなっている

原因・動機別自殺者数（令和3年）

原因・動機	人数	原因・動機	人数
健康問題	9,860人	勤務問題	1,935人
経済・生活問題	3,376人	男女問題	797人
家庭問題	3,200人	学校問題	370人

我が国の自殺対策

年	対策
2006（平成18）年	自殺対策基本法 自殺予防総合対策センターの設置
2007（平成19）年	自殺総合対策大綱
2008（平成20）年	自殺対策加速化プラン
2009（平成21）年	地域自殺予防情報センター運営事業
2010（平成22）年	自殺・うつ病等対策プロジェクトチームの設置
2016（平成28）年	改正自殺対策基本法
2017（平成29）年 2022（令和4）年	自殺総合対策大綱～誰も自殺に追い込まれることのない社会の実現を目指して～

予防の考え方

- ウィンスローの公衆衛生の定義：「公衆衛生は、共同社会の組織的な努力を通じて、疾病を予防し、寿命を延伸し、身体的・精神的健康と能率の増進を図る技術・科学である」
- 公衆衛生における予防は、**第一次予防**（疾病の発生を未然に防止する）、**第二次予防**（疾病の早期発見、早期治療）、**第三次予防**（疾病の悪化を防ぐこととリハビリテーション）に分けられる。精神保健の領域では**キャプラン**が地域精神医学を**予防精神医学**と呼び、概念整理を行った

1 精神保健の概要

Q203
☑ ☑
ウィンスローは公衆衛生を、組織された共同社会の努力を通して、疾病を予防し、寿命を延伸し、身体的そして精神的健康と、能率の増進を図る技術であり科学であると定義している。

Q204
☑ ☑
ソンダースは予防精神医学の概念を提唱した。

Q205
☑ ☑
精神保健にかかわる予防の概念において、一次予防に健康増進が含まれる。

Q206
☑ ☑
精神保健にかかわる予防の概念において、二次予防にリハビリテーションが含まれる。

Q207
☑ ☑
精神保健にかかわる予防の概念において、三次予防に早期治療が含まれる。

Q208
☑ ☑
サリヴァンが成熟優位論を提唱した。

Q209
☑ ☑
ボウルビィが愛着理論を提唱した。

A203　○　ウィンスローは公衆衛生を、組織された[共同社会]の努力を通して、疾病を予防し、寿命を延伸し、身体的そして精神的健康と、能率の増進を図る[技術]であり[科学]であると定義している。この定義はWHO（世界保健機関）によって認められ、広く用いられているものである。

A204　✕　[カプラン]は予防精神医学の概念を提唱した。[ソンダース]はがん患者に対する「全人的苦痛」という概念を提唱した。

A205　○　精神保健にかかわる予防の概念において、健康増進は[一次予防]に含まれる。疾病の発生そのものを予防することが[一次予防]である。

A206　✕　精神保健にかかわる予防の概念において、リハビリテーションは[三次予防]に含まれる。[三次予防]では疾病や障害の進行防止を目的としている。

A207　✕　精神保健にかかわる予防の概念において、早期治療は[二次予防]に含まれる。[二次予防]は発生した疾患等を早期に発見し、疾病の進行や重度化を防ぐことである。

A208　✕　成熟優位論は[ゲゼル]が提唱したものであり、人の発達過程においては適した成熟期があるとしたものである。[サリヴァン]は対人関係論を提唱した。

A209　○　[愛着理論]とは人と人との親密さを表現しようとする愛着行動について述べたものである。

Q210
☑ ☑
群発自殺は、学童期から青年期には起こりにくいと考えられている。

Q211
☑ ☑
エリクソンによる発達理論における、成人期初期の発達課題としては、「基本的信頼」対「基本的不信」がある。

Q212
☑ ☑
セリエは、ライフイベントとストレスとの相関関係に関する「社会的再適応評価尺度」を開発した。

Q213
☑ ☑
燃え尽き症候群（バーンアウトシンドローム）の主症状は、情緒的焦燥感、脱人格化、個人的達成感の低下である。

Q214
☑ ☑
高齢者うつ対策には、正しい知識の普及・啓発活動がある。

Q215
☑ ☑
高齢者うつ対策として、地域包括支援センターで治療を受ける。

Q216
☑ ☑
仮面うつ病とは、主に身体症状が目立ち、抑うつ気分などの精神症状が目立たないうつ病をいう。

2 精神保健における家族の課題とアプローチ

Q217
☑ ☑
「児童虐待防止法」では1条の目的において、児童の権利、利益の擁護に加え、保護者に対する支援もうたわれている。

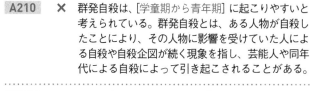

A210 ✕ 群発自殺は、[学童期から青年期] に起こりやすいと考えられている。群発自殺とは、ある人物が自殺したことにより、その人物に影響を受けていた人による自殺や自殺企図が続く現象を指し、芸能人や同年代による自殺によって引き起こされることがある。

A211 ✕ 成人期初期の発達課題は、「親密」対「孤立」である。「基本的信頼」対「基本的不信」は [乳児] 期の発達課題である。

A212 ✕ [ホームズ] は、ライフイベントとストレスとの相関関係に関する「社会的再適応評価尺度」を開発した。[セリエ] は、ストレスを「外部環境からの刺激によって起こる歪みに対する非特異的反応」であるというストレス学説を提唱した。

A213 ○ [燃え尽き症候群] とは、それまで一つのことに没頭していた人が、突如燃え尽きたかのように意欲を失う状態を指す。

A214 ○ 高齢者うつ対策の一次予防として、正しい知識についての [普及・啓発活動] が重要である。

A215 ✕ [地域包括支援センター] は高齢者支援についての相談、必要なケアの体制等を調整する役割を有しており、医療行為は行わない。

A216 ○ [仮面うつ病] とは、主に身体症状が目立ち、抑うつ気分などの精神症状が目立たないうつ病をいう。

A217 ✕ 「児童虐待防止法」1条の目的において、[児童の権利利益の擁護] がうたわれている。保護者に対する規定は、同法11条に保護者に対する指導として述べられている。

Q218 ☑ ☑
「児童虐待防止法」によると、児童虐待は、身体的暴行、保護者としての監護を著しく怠ること、児童に著しい心理的外傷を与えること、の3つに区分される。

Q219 ☑ ☑
児童の虐待死事例（心中を除く）では、予期しない妊娠／計画していない妊娠など、母親が周産期から問題を抱えている事例が多い。

Q220 ☑ ☑
児童が同居する家庭における配偶者に対する暴力だけでは、児童虐待にはならない。

Q221 ☑ ☑
虐待を受けた児童を一時保護した場合は、虐待を行った保護者と当該児童との通信は制限できないが面会は制限できる。

Q222 ☑ ☑
児童虐待の防止等に関して、都道府県知事は、保護者が出頭に応じない場合において、裁判所の許可状により、当該児童の住所もしくは居所に臨検させ、当該児童を捜索させることができる。

Q223 ☑ ☑
婦人相談所は「ＤＶ防止法」で設置が規定された機関である。

Q224 ☑ ☑
「DV防止法」でいう配偶者とは、婚姻の届出がされた者をいう。

A218 ✕ 「児童虐待防止法」によると、児童虐待は、身体的暴行、保護者としての監護を著しく怠ること、児童に著しい心理的外傷を与えること、[わいせつな行為をするまたはさせること]の、4つに区分される（2条）。

A219 ◯ 児童の虐待死事例（心中を除く）では、予期しない妊娠／計画していない妊娠、妊婦検診未受診、母子健康手帳の未交付、若年妊娠など、母親が[周産期]（妊娠満22週〜出生後満7日未満）から問題を抱えている事例が多い。

A220 ✕ 「児童虐待防止法」における児童虐待の定義に「児童に対する著しい暴言又は著しく拒絶的な対応、児童が同居する家庭における[配偶者]に対する暴力（中略）その他の児童に著しい心理的外傷を与える言動を行うこと」とある（2条4号）。

A221 ✕ 虐待を受けた児童を一時保護した場合は、虐待を行った保護者と当該児童との[面会]及び電話や手紙などの[通信]を制限できる。

A222 ◯ [都道府県知事]は保護者が出頭に応じない場合において、裁判所の許可状により、当該児童の住所もしくは居所に臨検させ、当該児童を捜索させることができる。

A223 ✕ 婦人相談所は、[売春防止]法で設置が規定された機関である。

A224 ✕ 「DV防止法」における配偶者には、婚姻の届出をしていないが事実上[婚姻関係]と同様の事情にある者を含むとされている。また、同法は生活の本拠を共にする交際相手からの暴力についても準用される。

Q225 ☑ ☑ 「DV防止法」において、配偶者からの身体に対する暴力を受けた被害者の申し立てにより、警察署が配偶者に保護命令を発することができると規定されている。

Q226 ☑ ☑ 都道府県には配偶者暴力相談支援センターの設置義務がある。

Q227 ☑ ☑ 患者調査では、「ひきこもり」の状態にある患者数を示している。

Q228 ☑ ☑ マタニティブルーとは、子育てが終わった専業主婦の虚脱状態をいう。

Q229 ☑ ☑ ペリネイタルロスとは、流産・死産・新生児死亡などの周産期における喪失体験のことである。

Q230 ☑ ☑ ダブルケアとは、NICU（新生児集中治療室）において愛着形成を促すことである。

Q231 ☑ ☑ マルトリートメントとは、DV被害を受けた妊産婦に対するケアのことである。

Q232 ☑ ☑ 養護者による高齢者虐待の相談・通報者の内訳を見ると、介護支援専門員が最も多い。

A225 ✕ 「DV防止法」において、配偶者からの身体に対する暴力を受けた被害者の申し立てにより、[裁判所] が配偶者に保護命令を発することができる。保護命令には、「被害者への接近禁止命令」、「被害者への電話等禁止命令」、「被害者の同居の子への接近禁止命令」、「被害者の親族等への接近禁止命令」、「被害者と共に生活の本拠としている住居からの退去命令」がある。

A226 ◯ 配偶者暴力相談支援センターは、都道府県には [設置] 義務があるが、市町村には [設置の努力] 義務が課せられている。

A227 ✕ [患者調査] は、病院及び診療所を利用する患者について、その傷病の状況等の実態を明らかにし、医療行政の基礎資料を得るものである。ひきこもりの状態にあるかは調査の項目にない。

A228 ✕ 子育てが終わった専業主婦の虚脱状態を [空の巣症候群] という。[マタニティブルー] とは、出産後の数日間に産婦に見られる抑うつ状態を指す。

A229 ◯ [ペリネイタルロス] とは、流産・死産・新生児死亡などの周産期における喪失体験のことである。

A230 ✕ ダブルケアとは、[子育てと親族等に対する介護が同時に発生] している状況を指す。

A231 ✕ マルトリートメントとは、「不適切な養育」という意味で使われ、[児童虐待] のことを指す。

A232 ✕ 養護者による高齢者虐待の相談・通報者の内訳を見ると、[警察]（32.7％）が最も多い（令和3年度「「高齢者虐待の防止、高齢者の養護者に対する支援等に関する法律」に基づく対応状況等に関する調査結果」厚生労働省）。

Q233 養護者による高齢者虐待を行った者として最も多い
続柄は、息子の配偶者である。
☑ ☑

3 精神保健における 学校教育の課題とアプローチ

Q234 文部科学省の定義による不登校とは、病気や経済的
理由等によって、年度間30日以上登校しないあるい
☑ ☑ はしたくともできない状況にあることをいう。

Q235 不登校児童生徒の社会的自立に資する相談・指導を
行う目的で教育委員会等が地域若者サポートステー
☑ ☑ ションを設置する。

Q236 「子どもの自殺が起きたときの緊急対応の手引き(平
成22年3月)」(文部科学省)によれば、教育委員会
☑ ☑ の学校へのサポートは、自殺が発生して3日目以降
が望ましい。

Q237 「子どもの自殺が起きたときの緊急対応の手引き(平
成22年3月)」(文部科学省)によれば、自殺の事実
☑ ☑ を文書で保護者に知らせる場合には、あらかじめ遺
族に文案を示して了解を得るよう努めるとしてい
る。

Q238 警察庁の調査によると、2021(令和3)年に自殺し
た児童生徒数は1,000人以上である。
☑ ☑

A233 ✕ 養護者による高齢者虐待を行った者として最も多い続柄は、[息子] (38.9%) である (同調査結果)。

A234 ✕ 文部科学省の定義による不登校とは、年度間 [30] 日以上欠席した児童のうち、病気や経済的な理由を [除き]、何らかの心理的、情緒的、身体的、あるいは社会的要因・背景により、児童生徒が登校しない、あるいはしたくともできない状況にあることをいう。

A235 ✕ 不登校児童生徒の社会的自立に資する相談・指導を行う目的で教育委員会等が [教育支援センター] を設置する。[地域若者サポートステーション] は、厚生労働省から委託を受けた民間団体などで、働くことに悩みを抱えた15 ~ 49歳の人へ就労に向けた支援を行う。

A236 ✕ 「子どもの自殺が起きたときの緊急対応の手引き (平成22年3月)」(文部科学省) によれば、自殺が発生して最初の [3] 日間は、教育委員会は学校へ [常時複数の職員を派遣] し、助言とともにサポートを行うこととしている。

A237 〇 「子どもの自殺が起きたときの緊急対応の手引き (平成22年3月)」(文部科学省) によれば、自殺の事実を文書で保護者に知らせる場合は、あらかじめ遺族に見せて [了解] をとるよう努めることとしている。

A238 ✕ 警察庁の調査によると、2021 (令和3) 年中に自殺した児童生徒数は [473] 人である。

Q239 ☑ ☑ 学校保健安全法において、事故等により心身の健康に影響を受けた場合の支援は、保護者に対しては行わず児童生徒等に対して行うものと規定されている。

Q240 ☑ ☑ 学校保健安全法に規定する「児童生徒等」とは、学校に在学する幼児、児童、生徒または学生をいう。

Q241 ☑ ☑ 学校保健安全法では、学校職員は、児童生徒等の心身の健康状態を日常的に観察し、問題が認められる際には、必要な保健指導を行うとされている。

Q242 ☑ ☑ 教育基本法では、性行不良であって他の児童の教育に妨げがあると認める児童があるときは、その保護者に対して、児童の出席停止を命ずることができるとされている。

Q243 ☑ ☑ 要保護児童対策地域協議会は「児童虐待防止法」に規定されている。

Q244 ☑ ☑ 要保護児童対策地域協議会は、都道府県の児童相談所に設置されている。

Q245 ☑ ☑ 要保護児童対策地域協議会は、要保護児童の児童養護施設への入所措置を決定する。

Q246 ☑ ☑ 児童生徒から教員等に対する暴力行為に対して、教員等が防衛のためにやむを得ずした有形力の行使は、体罰とならない。

A239　✕　学校保健安全法において、事故等により［心身の健康］に影響を受けた場合の支援は、「児童生徒等その他の関係者の心身の健康を回復させるため、これらの者に対して必要な支援を行う」とあり、［保護者］も含まれる（29条3項）。

A240　○　学校保健安全法に規定する「児童生徒等」とは、学校に在学する［幼児］、児童、生徒または学生をいう。［幼児］が含まれるのは、同法における「学校」に幼稚園が含まれるためである（2条）。

A241　○　学校保健安全法では、学校職員は、児童生徒等の心身の健康状態を［日常的に観察］し、問題が認められる際には、必要な［保健指導］を行うとされている（9条）。

A242　✕　［学校教育］法では、［性行不良］であって他の児童の教育に妨げがあると認める児童があるときは、その保護者に対して、児童の［出席停止］を命ずることができるとされている（35条）。

A243　✕　要保護児童対策地域協議会は［児童福祉］法に規定されている。

A244　✕　要保護児童対策地域協議会の設置主体は［地方公共団体］とされており、［市町村等］に設置される。

A245　✕　要保護児童の児童養護施設への入所措置を決定するのは［児童相談所］である。

A246　○　児童生徒から教員等に対する暴力行為に対して、教員等が防衛のためにやむを得ずした有形力の行使は、体罰と［ならない］。「［学校教育］法第11条に規定する児童生徒の懲戒・体罰に関する参考事例」において規定されている。

Q247

☑ ☑

文部科学省の「児童生徒の問題行動・不登校等生徒指導上の諸問題に関する調査」では、いじめの定義を「児童生徒に対して、当該児童生徒が在籍する学校に在籍している等当該児童生徒と一定の人的関係のある他の児童生徒が行う心理的又は物理的な影響を与える行為（インターネットを通じて行われるものを含む）であって、当該行為の対象となった児童生徒が心身の苦痛を感じているもの」としている。

Q248

☑ ☑

少年法における非行のある少年とは、犯罪少年のことである。

---

4 精神保健における勤労者の課題とアプローチ

Q249

☑ ☑

ワーカホリックとは、仕事に行かなければと思っても職場に出勤できない状態をいう。

Q250

☑ ☑

昇進うつ病とは、職場で地位の昇進の限界を感じて、無気力状態になることをいう。

Q251

☑ ☑

「心理的負荷による精神障害の認定基準（厚生労働省）」では、発病前6か月間の、業務による強い心理的負荷に基づいて、業務上の疾病に該当するかどうかを判断する。

Q252

☑ ☑

「心理的負荷による精神障害の認定基準（厚生労働省）」の認定要件における基本的な考え方は「ストレス―脆弱性理論」に基づいている。

A247　**O**　文部科学省の「児童生徒の問題行動・不登校等生徒指導上の諸問題に関する調査」では、いじめの定義を「児童生徒に対して、当該児童生徒が在籍する学校に在籍している等当該児童生徒と一定の人的関係のある他の児童生徒が行う[心理的又は物理的]な影響を与える行為(インターネットを通じて行われるものを含む)であって、当該行為の対象となった児童生徒が[心身]の苦痛を感じているもの」としている。

A248　**×**　少年法における非行のある少年とは、[犯罪少年]のほか、[触法少年](14歳未満で法に触れる行為をした少年)、[虞犯少年](将来、罪を犯しまたは触法行為をするおそれがある少年)も含む。

A249　**×**　[ワーカホリック]とは、熱心に仕事に励みその成功に多大な期待を持って情熱を傾けている状態を指す。

A250　**×**　[昇進うつ病]とは、昇進した結果、新しい環境に適応することができず発症するうつ病のことをいう。

A251　**O**　「心理的負荷による精神障害の認定基準(厚生労働省)」では、発病前[6]か月間の、業務による強い心理的負荷に基づいて、業務上の疾病に該当するかどうかを判断する。

A252　**O**　「心理的負荷による精神障害の認定基準(厚生労働省)」の認定要件における基本的な考え方は[ストレス―脆弱性理論]に基づいている。

Q253 ☑ ☑ 「心理的負荷による精神障害の認定基準」では、セクシュアルハラスメントの被害を受けてからすぐに相談行動をとらない場合は、心理的負荷が弱いと見なされる。

Q254 ☑ ☑ 業務起因性が認められれば、労働者の自殺は労働災害として補償の対象となる。

Q255 ☑ ☑ ラインによるケアでは、保健所や精神保健福祉センターなどの外部の機関を活用して労働者の相談対応を行う。

Q256 ☑ ☑ 産業保健総合支援センターでは、産業保健に関する相談への対応や産業保健関係者を対象とした研修を行う。

Q257 ☑ ☑ 労働安全衛生法に基づくストレスチェック制度は、休職者が職場復帰する際のストレス耐性を把握することが目的である。

Q258 ☑ ☑ 労働安全衛生法に基づくストレスチェック制度は、労働者数50人未満の事業場の事業者にも、実施義務がある。

Q259 ☑ ☑ 労働安全衛生法に基づくストレスチェック制度の実施において、保健師は、厚生労働省の定める研修を修了することなく、かつ労働者の健康管理等に従事した経験を有することなく検査の実施者となることができる。

Q260 ☑ ☑ 労働安全衛生法に基づくストレスチェック制度では、高ストレス者と判定された労働者は、医師による面接指導を受ける義務がある。

A253　✗　「心理的負荷による精神障害の認定基準」には、セクシュアルハラスメントを受けた者が「被害を受けてからすぐに相談行動をとらないことがあるが、この事実が心理的負荷が弱いと [単純に判断される理由にならない]」とある。

A254　○　[業務起因性] が認められれば、労働者の自殺は労働災害として補償の対象となる。1999（平成11）年に策定された [心理的負荷による精神障害等に係る業務上外の判断指針] において、労働者の自殺の取扱いが修正された。

A255　✗　ラインによるケアとは、[管理監督者] による労働者へのケアである。

A256　○　[産業保健総合支援センター] は産業保健関係者への支援や職場の健康管理への啓発を行う機関である。

A257　✗　労働安全衛生法に基づくストレスチェック制度は、自らのストレスの状況について気付きを促し、個人のメンタルヘルス不調のリスクを低減させるとともに、労働者がメンタルヘルス不調になることを [未然に防止] することが主な目的である。

A258　✗　労働安全衛生法に基づくストレスチェック制度は、50人未満の事業場の事業者には [努力] 義務がある。

A259　○　労働安全衛生法に基づくストレスチェック制度の実施者は、医師、[保健師] のほか、厚生労働大臣の定める研修を修了した [看護師]、[精神保健福祉士]、[歯科医師]、[公認心理士] である。

A260　✗　労働安全衛生法に基づくストレスチェック制度では、高ストレス者と判定された労働者から [申し出] があった場合は、医師による面接指導を実施する。

71

Q261 ☑ ☑ EAP（従業員支援プログラム）は、職場のラインによるケアである。

Q262 ☑ ☑ 労働者の健康の保持増進措置は、事業者の努力義務である。

Q263 ☑ ☑ 快適な職場環境の形成のための措置は、事業者の義務である。

Q264 ☑ ☑ 事業者は、一定要件に当てはまる労働者について、医師による面接指導を行わなければならない。

Q265 ☑ ☑ 「令和3年度公立学校職員の人事行政状況調査」（文部科学省）における、精神疾患による病気休職者は、2007（平成19）年度以降、3,000人前後で推移している。

Q266 ☑ ☑ 「男女雇用機会均等法」では、妊娠中及び産後の女性の危険有害業務の就業制限を規定している。

5 精神保健における現代社会の課題とアプローチ

Q267 ☑ ☑ ストレッサーとは、外部からの刺激によって生ずる歪みのことである。

Q268 ☑ ☑ 急性ストレス反応は、数分から数日で症状が消失する。

A261　✕　EAP（従業員支援プログラム）には、［事業場内］に設置されて行われるケアと、［事業場外］の資源によるケアがあるが、ラインによるケアではない。

A262　○　労働者の健康の保持増進措置は、事業者の［努力］義務である（労働安全衛生法69条）。

A263　✕　快適な職場環境の形成のための措置は、事業者の［努力］義務である（労働安全衛生法71条の2）。

A264　○　事業者は、［一定要件］に当てはまる労働者について、医師による［面接指導］を行わなければならない（労働安全衛生法66条の8）。

A265　✕　公立学校職員の人事行政状況調査の精神疾患による病気休職者は、2007（平成19）年度以降、5,000人前後で推移していたが、2021（令和3）年度は［5,897］名と［増加（過去最多）］した。

A266　✕　「労働基準法」では、妊娠中及び産後の女性の危険有害業務の就業制限を規定している。

A267　✕　［ストレッサー］とは、ストレスを外部から与える何らかの刺激のことである。

A268　○　急性ストレス反応では、ストレスになる刺激などにより数分以内に出現し、［数分から2～3日］で症状が消失する。

Q269
☑ ☑
心的外傷後ストレス障害とは、被災や被害後、症状が1か月を超えて持続するものである。

....

Q270
☑ ☑
ストレスコーピングとは、個人が有するストレスへの対処方法のことである。

....

Q271
☑ ☑
「避難所生活を過ごされる方々の健康管理に関するガイドライン（平成23年6月）」（厚生労働省）において、心の健康を保持するために自分の思いを溜めこまず、どのような内容でも避難所内の人に吐露することが大切であるとしている。

....

Q272
☑ ☑
「性同一性障害特例法」における性別の取扱いの変更の審判をすることができる請求者は、ホルモン療法を受けていることが条件の一つとしてある。

....

Q273
☑ ☑
「性同一性障害特例法」における性別の取扱いの変更の審判をすることができる請求者は、20歳以上であることが条件の一つとしてある。

....

Q274
☑ ☑
「ホームレス自立支援法」では、生活保護法による保護の実施や就労支援、住居確保の支援、保健医療面の支援などを定めている。

....

Q275
☑ ☑
厚生労働省の「ホームレスの実態に関する全国調査（概数調査）」は、全市町村における定点面接調査によって行われている。

....

Q276
☑ ☑
ホームレスの定義は各国共通である。

A269　○　[心的外傷後ストレス障害（PTSD）] とは、被災や被害後、症状が1か月を超えて持続するものである。

A270　○　[ストレスコーピング] とは、個人が有するストレスへの対処方法のことである。

A271　×　「避難所生活を過ごされる方々の健康管理に関するガイドライン（平成23年6月）」（厚生労働省）において、「プライバシーの観点から、避難者同士では語り合えないこともあるでしょうから、[保健師] や [専門の相談員] などに相談するよう、促しましょう」と記載されている。

A272　×　「性同一性障害特例法」における性別の取扱いの変更の審判をすることができる請求者には、生殖腺がないこと又はその機能を永続的に欠く状態にあり、その身体について他の性別に係る身体の性器に係る部分に近似する [外観] を備えていることなどが求められるが、ホルモン療法の実施の有無は [含まれない]。

A273　×　「性同一性障害特例法」における性別の取扱いの変更の審判をすることができる請求者は、民法改正により2022（令和4）年4月から [18歳] 以上であることが条件の一つとなった。

A274　○　「ホームレス自立支援法」では、[生活保護] 法による保護の実施やホームレスの人権擁護（3条3項）、住居確保の支援、保健医療面の支援（3条1項）などが規定されている。

A275　×　厚生労働省の「ホームレスの実態に関する全国調査（概数調査）」は、全市町村における [巡回による目視調査] によって行われている。

A276　×　ホームレスの定義は各国で [異なる]。たとえばアメリカでは、夜間に定まった住居がない者、一時的宿所に泊まっている者と定められている。

Q277
☑ ☑

社会復帰調整官の根拠法は、精神保健福祉法である。

. . . .

Q278
☑ ☑

ターミナルケアとは、人が死に向かっていく過程を理解し、医療のみではなく人間的な対応をすることを主張した考え方である。

. . . .

Q279
☑ ☑

がん患者の支援において、緩和ケアは、がんと診断された段階から必要とされている。

. . . .

Q280
☑ ☑

がんによる全人的苦痛は、身体的苦痛と精神的苦痛の二つで構成される。

. . . .

Q281
☑ ☑

ひきこもり地域支援センターは、精神保健福祉センターに設置が義務づけられている。

. . . .

Q282
☑ ☑

ひきこもり地域支援センターの利用対象者の年齢は34歳が上限である。

6 精神保健に関する対策と精神保健福祉士の役割

Q283
☑ ☑

異常酩酊とは、長期間の飲酒習慣により少量の飲酒では酔わなくなることである。

. . . .

Q284
☑ ☑

ハーム・リダクションとは、刑務所での服役の代わりに、裁判所の監督下で治療施設に通所させる処遇システムである。

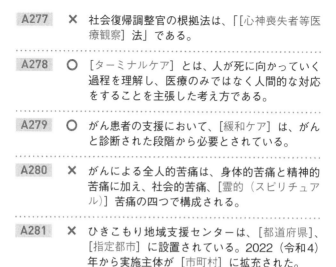

A277　✕　社会復帰調整官の根拠法は、「[心神喪失者等医療観察]法」である。

A278　○　[ターミナルケア]とは、人が死に向かっていく過程を理解し、医療のみではなく人間的な対応をすることを主張した考え方である。

A279　○　がん患者の支援において、[緩和ケア]は、がんと診断された段階から必要とされている。

A280　✕　がんによる全人的苦痛は、身体的苦痛と精神的苦痛に加え、社会的苦痛、[霊的（スピリチュアル）]苦痛の四つで構成される。

A281　✕　ひきこもり地域支援センターは、[都道府県]、[指定都市]に設置されている。2022（令和4）年から実施主体が[市町村]に拡充された。

A282　✕　ひきこもり地域支援センターの利用対象者の年齢は制限が[ない]。

A283　✕　[異常酩酊]とは、酩酊の進行中に突然に興奮状態が出現したりするものであり、[複雑酩酊]と[病的酩酊]に分けられる。

A284　✕　[ハーム・リダクション]とは、ある行動が原因となっている健康被害について、行動変容などにより予防または軽減させることである。

2
精神保健の課題と支援

Q285 ☑ ☑ AA（アルコホーリクス・アノニマス）とは、アルコール依存症を抱えた人が治療のために入所する民間リハビリテーション施設のことである。

Q286 ☑ ☑ ブリーフ・インターベンションとは、多量飲酒などの問題飲酒者の飲酒量を減らすことを支援する方法の一つである。

Q287 ☑ ☑ AUDITとは、介入支援が必要な、危険な飲酒や有害な飲酒をスクリーニングするためのテストのことである。

Q288 ☑ ☑ アルコール問題における離脱症状とは、飲酒をやめていた人が、飲酒を再開したときに現れる症状である。

Q289 ☑ ☑ アルコール問題におけるブラックアウトとは、常習的飲酒習慣によって起こる認知症のことである。

Q290 ☑ ☑ アルコール依存症と自殺は関係が乏しい。

Q291 ☑ ☑ アルコール依存症とうつ病の合併は稀である。

Q292 ☑ ☑ WHO（世界保健機関）は「アルコールの有害使用を低減するための世界戦略」を議決した。

Q293 ☑ ☑ アルコール健康障害対策基本法におけるアルコール健康障害の定義では、妊婦の飲酒等、不適切な飲酒の影響による心身の健康障害も規定している。

A285 ✕ ［AA］とは、アルコール依存者のための自助団体の一つである。

A286 ○ ［ブリーフ・インターベンション］とは、問題飲酒者の飲酒量を減らす支援方法の一つであり、生活習慣の行動変容を目指す短時間の行動カウンセリングである。

A287 ○ ［AUDIT］とは、介入支援が必要な、危険な飲酒や有害な飲酒をスクリーニングするためのテストのことである。

A288 ✕ アルコール問題における［離脱症状］とは飲酒中止後数時間～数日を経過して現れる不安、頭痛、興奮、悪心、見当識障害などの症状である。

A289 ✕ アルコール問題における［ブラックアウト］とは、飲酒後に生じる記憶障害のことである。

A290 ✕ アルコール依存症は［自殺］の危険因子の一つとして挙げられている。

A291 ✕ アルコール依存症とうつ病の合併は頻度が［高い］。アルコール依存症は、［肝機能障害］などの身体合併症や［うつ病］等の精神疾患を合併することがある。

A292 ○ ［WHO（世界保健機関）］は2010年の第63回総会において「アルコールの有害使用の低減の世界戦略」を議決した。

A293 ○ アルコール健康障害対策基本法におけるアルコール健康障害とは、［アルコール依存症］その他の［多量］の飲酒、［20歳未満の者］の飲酒、［妊婦］の飲酒等の不適切な飲酒の影響による心身の健康障害をいう。

Q294
☑ ☑
アルコール健康障害対策基本法では、アルコール健康障害及びこれに関連して生ずる飲酒運転、暴力、虐待、自殺等の問題をアルコール関連問題としている。

Q295
☑ ☑
アルコール健康障害対策基本法では、アルコール健康障害に係る専門病床の整備目標数を規定している。

Q296
☑ ☑
アルコール健康障害対策基本法では、飲酒に起因する危険運転致死傷罪の刑罰を規定している。

Q297
☑ ☑
アルコール健康障害対策基本法では、国に対し、アルコール健康障害対策推進基本計画の策定義務を規定している。

Q298
☑ ☑
第2期アルコール健康障害対策推進基本計画において、我が国で生活習慣病のリスクを高める量を飲酒している女性の割合が減少傾向にあることが示されている。

Q299
☑ ☑
精神保健福祉法の精神障害者には、精神病状態を呈していない精神作用物質の依存症者も含まれる。

Q300
☑ ☑
覚醒剤取締法は、覚せい剤を使用した患者を診察した医師の届出義務を規定している。

Q301
☑ ☑
薬物使用等の罪を犯した者に対する刑の一部執行猶予制度とは、一定期間服役させた後、残りの期間を社会復帰促進センターで処遇するものである。

Q302
☑ ☑
アラノン（Al-Anon）とは薬物依存症者のための自助団体である。

A294　O　アルコール健康障害対策基本法では、アルコール健康障害及びこれに関連して生ずる [飲酒運転、暴力、虐待、自殺] 等の問題をアルコール関連問題としている。

A295　✕　アルコール健康障害対策基本法に基づいて策定されるアルコール健康障害対策推進基本計画では、[専門医療機関の整備と医療連携の推進等] について目標設定がされている。

A296　✕　飲酒に起因する危険運転致死傷罪は、「[自動車運転死傷行為処罰] 法」に規定されている。

A297　O　アルコール健康障害対策基本法では、国にアルコール健康障害対策推進基本計画の策定を義務づけ、[都道府県] に対しても計画策定することを求めている。

A298　✕　第2期アルコール健康障害対策推進基本計画において、我が国で生活習慣病のリスクを高める量を飲酒している女性の割合が [増加] 傾向にあると示されている。

A299　O　精神保健福祉法の精神障害者には、精神病状態を呈していない [精神作用物質] の依存症者も含まれる。

A300　✕　覚醒剤取締法は、覚せい剤を使用した患者を診察した医師の届出義務を規定して [いない]。

A301　✕　薬物使用等の罪を犯した者に対する刑の一部執行猶予制度とは、一定期間服役させた後、残りの期間に [保護観察] を行うものである。

A302　✕　[アラノン（Al-Anon）] とは、アルコール依存症者を家族に持つ者の自助団体である。

Q303 ☑ ☑ ナルコティクス・アノニマス（NA）とは、薬物依存症者のための自助団体である。

Q304 ☑ ☑ ヘルパー・セラピー原則とは、専門家が有する専門的知識と同等の体験的知識を取得することである。

Q305 ☑ ☑ ダルク（DARC）とはアルコール依存症者のための民間施設のことである。

Q306 ☑ ☑ ギャンブル等依存症対策基本法では、ギャンブル等依存症問題啓発週間を設けることとされている。

Q307 ☑ ☑ ギャンブル等依存症対策基本法において、都道府県は、都道府県ギャンブル等依存症対策推進計画を策定しなければならないとされている。

Q308 ☑ ☑ 2021（令和3）年の自殺者数は、男性の自殺者数が女性の自殺者数より少ない。

Q309 ☑ ☑ 厚生労働省の「人口動態調査」によれば、2021（令和3）年における20歳代の死因第1位は自殺である。

Q310 ☑ ☑ 警察庁の調査によれば、自殺死亡率は、東京都や大阪府などの大都市で高い。

A303 ○ ［ナルコティクス・アノニマス（NA）］は薬物依存症者のための自助団体である。

A304 ✕ ヘルパー・セラピー原則とは、自らが［他のメンバーを援助］することによって自分自身に効果が生まれることである。

A305 ✕ ［ダルク（DARC）］とは、薬物依存症からの回復支援を目的にした民間施設である。

A306 ○ ［ギャンブル等依存症対策基本］法では、ギャンブル等依存症問題啓発週間を設けることとされている。

A307 ✕ ギャンブル等依存症対策基本法において、都道府県は、都道府県ギャンブル等依存症対策推進計画の［策定に努めなければならない］とされている。なお、政府にはギャンブル等依存症対策推進基本計画の策定［義務］がある。

A308 ✕ 2021（令和3）年の自殺者数は、男性の方が女性より［多い］。警察庁の調査結果によれば、同年は、［男性］の自殺者（13,939人）は、［女性］（7,068人）の約2倍となっている。

A309 ○ 厚生労働省の「人口動態調査」によれば、2021（令和3）年における20歳代の死因第1位は、［自殺］である。なお、10歳代及び30歳代についても、死因第1位は［自殺］である。

A310 ✕ 警察庁の調査によれば、自殺死亡率については、2021（令和3）年において、［青森県］、［山梨県］など地方で高く、東京都、大阪府は低くなっている。ただし、自殺者数は、人口の多い大都市で高い。

Q311
☑ ☑
警察庁の調査によれば、自殺死亡者のうち、無職者の割合は20%程度である。

Q312
☑ ☑
警察庁の調査によれば、学生・生徒等の自殺者数は、全自殺者数の10%以上である。

Q313
☑ ☑
自殺対策では、全体的予防介入、選択的予防介入、個別的予防介入という対象ごとの対策を効果的に組み合わせることが推奨されている。

Q314
☑ ☑
自殺対策基本法に示された自殺対策の基本理念は、事後対応ではなく事前予防である。

Q315
☑ ☑
自殺対策基本法では、政府の推進すべき自殺対策の数値目標を示している。

Q316
☑ ☑
自殺対策基本法では、都道府県及び市町村は、自殺対策計画を定めることとされている。

Q317
☑ ☑
自殺対策基本法では、精神保健福祉士の義務について規定している。

A311 　✕　警察庁の調査によれば、自殺死亡者のうち、無職者の割合は [55] ％程度である。2021（令和3）年では、総数2万1,007人、自殺死亡した無職者は1万1,639人である。

A312 　✕　学生・生徒等の自殺者数は、全自殺者数の10%［以下］である。2021（令和3）年における学生・生徒等の自殺者は1,031人と、全体の約［4.9］％である。

A313 　○　自殺対策では、［全体的］予防介入、［選択的］予防介入、［個別的］予防介入という、［対象］ごとの対策を効果的に組み合わせることが推奨されている。

A314 　✕　自殺対策基本法に示された自殺対策の基本理念は、［事前予防］、［事後対応］である。2条の基本理念には「自殺の事前予防、自殺発生の危機への対応及び自殺が発生した後又は自殺が未遂に終わった後の事後対応の［各段階に応じた］効果的な施策として実施されなければならない」とある。

A315 　✕　自殺対策基本法では、政府の推進すべき自殺対策の指針として［自殺総合対策大綱を定める］ことを義務づけている（12条）が、数値目標は示されていない。

A316 　○　2016（平成28）年の自殺対策基本法改正において、［都道府県及び市町村］は、自殺対策計画を定めることとされた。

A317 　✕　自殺対策基本法では、［国］、［地方公共団体］、［事業主］、［国民］の責務について規定している。また、同法には、自殺対策に対する［人材確保等］などの項目はあるが、精神保健福祉士の義務についての規定はない。

Q318 ☑ ☑ 自殺対策基本法では、自殺者及び自殺未遂者並びに親族等の名誉及び生活の平穏への配慮の規定がある。

Q319 ☑ ☑ 自殺対策基本法では、心理的負担を受けた場合の対処方法を身に付けるための児童生徒に対する教育について、都道府県の責任のもとで実施することと定めている。

Q320 ☑ ☑ 自殺対策におけるポストベンションの例としては、自殺で亡くなった中学生の同級生に対して実施される心のケアがある。

Q321 ☑ ☑ 自殺対策におけるインターベンションの例としては、自殺対策強化月間におけるインターネットを活用した支援窓口の広報がある。

Q322 ☑ ☑ 自殺対策におけるプリベンションの例としては、救急救命センターに搬送された自殺未遂者に対するフォローアップ支援がある。

Q323 ☑ ☑ 著名人の自殺に関する報道の後で自殺者数が増加する現象をウェルテル効果という。

Q324 ☑ ☑ 認知症の周辺症状（BPSD）には幻覚・妄想は含まれない。

Q325 ☑ ☑ 「世界アルツハイマー報告書2015」によれば、世界の認知症患者人口は、2050年時点で1,000万人と推計されている。

A318 ○ 自殺対策基本法では、自殺者及び自殺未遂者並びに親族等の［名誉］及び［生活の平穏］への配慮の規定がある（9条）。

A319 ✕ 自殺対策基本法では、［学校］は、心理的負担を受けた場合の対処方法を身に付けるための児童生徒に対する教育または啓発に努めることとなっている（17条）。

A320 ○ 自殺対策におけるポストベンションの例としては、自殺で亡くなった中学生の同級生に対して実施される心のケアがある。自殺が生じた場合に他の人に与える影響を減少させ、［新たな自殺を抑制］する活動である。

A321 ✕ 自殺対策におけるインターベンションとは、［自殺危機に介入］して自殺を防止する活動である。

A322 ✕ 自殺対策におけるプリベンションは、自殺発生を防ぐための［普及啓発］や［教育活動］である。

A323 ○ 著名人の自殺に関する報道の後で自殺者数が増加する現象を［ウェルテル効果］という。［WHO］によって公表された「自殺対策を推進するためにメディア関係者に知ってもらいたい基礎知識2017年最新版」では、「どこに支援を求めるかについて正しい情報を提供する」など、責任ある報道のあり方を定めている。

A324 ✕ 認知症の［周辺症状（BPSD）］は、認知症に伴う徘徊や幻覚、妄想、攻撃的行動、不潔行為、異食などの行動症状や心理症状を指す。認知症で必ず見られる記憶障害・見当識障害などの［中核症状］とは区別される。

A325 ✕ 「世界アルツハイマー病報告2015」によれば、世界の認知症患者人口は約［4,680］万人おり、2050年には［1億3,150］万人と約3倍になると推計されている。

2

精神保健の課題と支援

Q326 ☑ ☑　WHO が発表した認知症に関する報告によれば、先進諸国における認知症関連コストでは、インフォーマルケアのコストが医療コストを大きく上回っている。

Q327 ☑ ☑　災害派遣精神医療チーム（DPAT）とは、都道府県や政令指定都市によって組織される専門的な研修・訓練を受けたチームのことである。

Q328 ☑ ☑　サイコロジカル・ファーストエイド（PFA）とは、精神科医による専門的精神治療法のことである。

Q329 ☑ ☑　被災者へのケア活動によって、被災を直接経験していない支援者に生じる外傷性ストレス反応のことを二次受傷という。

Q330 ☑ ☑　災害医療におけるトリアージとは、緊急事態ストレスを経験した人への心理的介入法である。

Q331 ☑ ☑　ストレス・災害時こころの情報支援センターとは、都道府県が設置する情報センターのことである。

Q332 ☑ ☑　デブリーフィング（debriefing）とは、不安や恐怖に対する薬物療法のことである。

Q333 ☑ ☑　被災者の心理的変化のうち、徐々に疲労が蓄積していくと共に、被災者同士が強い連帯感が生まれる時期を「再建期」という。

Q334 ☑ ☑　犯罪被害者等基本法において、犯罪被害者等とは、犯罪等により害を被った者及びその家族又は遺族とされている。

A326　O　WHO が発表した認知症に関する報告によれば、先進諸国における認知症関連コストでは、家族介護などの［インフォーマルケア］のコストが［医療］コストを大きく上回っている。

A327　O　DPAT は、［精神科医］、［看護師］、［事務局員］等の職種による数名のチームで構成される。

A328　✕　サイコロジカル・ファーストエイド（PFA）とは、［災害早期］に行う心理的支援方法のことである。

A329　O　被災者へのケア活動によって、被災を直接経験していない支援者に生じる外傷性ストレス反応のことを［二次受傷］という。

A330　✕　災害医療におけるトリアージとは、負傷者を緊急度、重症度などによって分類し、治療の優先度の［順位づけ］をすることである。

A331　✕　ストレス・災害時こころの情報支援センターとは、［国立精神・神経医療研究センター］に設置されている機関である。

A332　✕　デブリーフィングとは、［災害］や［精神的ショック］を受けた早期に、自らの体験について詳しく話すことにより、つらさを克服する手法のことである。

A333　✕　被災者の心理的変化のうち、徐々に疲労が蓄積していくと共に、被災者同士が強い連帯感が生まれる時期を［ハネムーン］期という。被災者の心理変化は、時間とともに［茫然］期、［自失］期、［ハネムーン］期、［幻滅］期、［再建］期の経過をたどる。

A334　O　犯罪被害者等基本法において、犯罪被害者等とは、［犯罪等により害を被った者］及びその［家族］又は［遺族］とされている。

89

7 地域精神保健に関する諸活動と 精神保健に関する偏見・差別等の課題

Q335
☑ ☑
オタワ憲章では、プライマリ・ヘルス・ケアの理念を打ち出し、「すべての人々に健康を（Health for All）」という目標を掲げている。

Q336
☑ ☑
メンタルヘルスリテラシーとは、精神障害に関する差別や偏見のことである。

Q337
☑ ☑
「こころのバリアフリー宣言」とは、厚生労働省の示した、精神疾患を正しく理解し、新しい一歩を踏み出すための指針である。

Q338
☑ ☑
DALYとは、疾患による損失生存年数と障害生存年数の合計で表される指標である。

Q339
☑ ☑
生活保護法では、自立支援プログラムが導入されている。

Q340
☑ ☑
健康増進法では、受動喫煙の防止について定めている。

Q341
☑ ☑
「健康日本21（第二次）」では、未成年の飲酒の半減を目標としている。

A335 ✕ プライマリ・ヘルス・ケアの概念は、1978年の [アルマ・アタ宣言] によって初めて定義づけられた。[オタワ憲章] は、1986年に作成された健康づくりについての憲章である。

A336 ✕ [メンタルヘルスリテラシー] とは、メンタルヘルスに関する総合的な知識、また特定の問題を、精神的な不調と [認識] する能力、精神保健に役立てる態度や行動のことである。

A337 ◯ 「こころのバリアフリー宣言」とは、厚生労働省の示した、精神疾患を正しく理解し、新しい一歩を踏み出すための指針である。

A338 ◯ [DALY (障害調整生命年)] とは、疾患による損失生存年数と障害生存年数の合計で表される指標である。日本では、[QALY (質調整生存年)] の考え方が活用されている。

A339 ◯ [生活保護] 法では、自立支援プログラムが導入されている。世帯類型ごとの [個別支援プログラム] を定め、これに基づいて個々の被保護者に必要な支援を組織的に実施するものである。

A340 ◯ [健康増進] 法では、受動喫煙の防止について定めている。[受動喫煙] とは室内またはこれに準ずる環境において、他人のたばこの煙を吸わされることをいう。

A341 ✕ [健康日本21 (第二次)] では、未成年・妊娠中の飲酒を [なくす] ことを目標としている。

Q342
☑ ☑ 「健康づくりのための睡眠指針2014」(厚生労働省)によると、蓄積された睡眠不足に伴う作業能率は「寝だめ」で十分回復する。

Q343
☑ ☑ スマート・ライフ・プロジェクトとは、「健康寿命をのばしましょう」をスローガンに、国民全体が人生の最後まで元気で健康で楽しく毎日が送れることを目標とした国民運動である。

Q344
☑ ☑ 施設コンフリクトとは、福祉施設の新設に際して地域住民から反対運動が起こることである。

8 精神保健に関する専門職種と国、都道府県、市町村、団体等の役割

Q345
☑ ☑ 保健師は傷病者の療養上の指導を行うにあたって主治の医師または歯科医師があるときは、その指示を受けなければならない。

Q346
☑ ☑ 「地域における保健師の保健活動について」(厚生労働省)によれば、市町村に所属する保健師は、精神障害、難病、結核・感染症、エイズ等の地域のケアシステムを構築するための協議会を運営し活用することが求められている。

Q347
☑ ☑ いのちの電話は、自殺予防のために始められた。

A342　✕　睡眠不足は［注意力］や［集中力］を低下させる。「健康づくりのための睡眠指針2014」（厚生労働省）によると、蓄積された睡眠不足は「寝だめ」では［解消できず］、回復までに［時間がかかる］としている。

A343　○　［スマート・ライフ・プロジェクト］とは、「健康寿命をのばそう。」をスローガンとする国民運動である。「運動」「食生活」「禁煙」「けんしん（健診・検診）」の4分野を中心に、具体的なアクションの呼びかけを、プロジェクトに参画する企業・団体・自治体と協力・連携をしながら推進する。

A344　○　［施設コンフリクト］とは、福祉施設の新設に際して地域住民から反対運動が起こることである。

A345　○　保健師は傷病者の療養上の指導を行うにあたって主治の医師または歯科医師があるときは、その［指示］を受けなければならない（保健師助産師看護師法35条）。

A346　✕　「地域における保健師の保健活動について」（厚生労働省）によれば、［都道府県保健所等］に所属する保健師は、精神障害、難病、結核・感染症、エイズ等の地域のケアシステムを構築するための［協議会］を運営し活用することが求められている。

A347　○　いのちの電話は、日本では1971（昭和46）年に［自殺予防］のために始められた。その起源は1953年にロンドンで［サマリタンズ］として始まった電話相談である。

Q348 チャイルドラインは、子育て支援のために始められた。

Q349 断酒会とは、アルコール依存症の回復を目指す自助団体であり、匿名性を重んじる。

Q350 波の会は、躁うつ病の患者の自助活動である。

Q351 発達障害者支援法では、市町村に、発達障害の早期発見を促している。

Q352 発達障害者支援法では、市町村長は、発達支援に関する一定の業務を発達支援センターに行わせ、又は自ら行うことができると規定している。

Q353 発達障害者支援法では、都道府県に発達障害者支援地域協議会の設置が義務づけられている。

Q354 「精神保健福祉法」によると、社会的障壁とは、発達障害にある人にとって日常生活又は社会生活を営む上で障壁となるような社会における事物、制度、慣行、観念その他一切のものと定義している。

A348 　✕　チャイルドラインは、[18歳未満] が利用できる [子ども] 専用電話である。子どもの声に耳を傾けることに重点を置いている。2019（令和元）年からはチャットによる相談も実施されている。

A349 　✕　同じアルコール依存症の自助団体でも、アルコホーリクス・アノニマス（AA）が匿名性を重んじるのとは逆に、[断酒会] は氏名を明らかにする。

A350 　✕　波の会は、日本 [てんかん] 協会の別名であり、協会支部の機能の一つとして、[てんかん] の患者の自助活動がある。なお、躁うつ病の自助団体は各地に存在する。

A351 　○　発達障害者支援法では、市町村に、発達障害の [早期発見] を促している。5条1項に [健康診査] を行うにあたり、発達障害の早期発見に十分留意することを示している。

A352 　✕　発達障害者支援法では、[都道府県知事] は、発達支援に関する一定の業務を「社会福祉法人その他の政令で定める法人であって当該業務を適正かつ確実に行うことができると認めて指定した者（発達障害者支援センター）に行わせ、又は自ら行うことができる」と規定している（14条）。

A353 　✕　発達障害者支援法では、都道府県は、発達障害者の支援の体制の整備を図るため、発達障害者支援地域協議会を [置くことができる] としている（19条の2）。

A354 　✕　[発達障害者支援] 法によると、[社会的障壁] とは、発達障害にある者にとって日常生活又は社会生活を営む上で障壁となるような社会における事物、制度、慣行、[観念] その他一切のものと定義している（2条の3項）。

2

精神保健の課題と支援

Q355
☑ ☑

「障害者総合支援法」には、都道府県及び市町村は「精神障害者の社会復帰及びその自立と社会経済活動への参加に対する地域住民の関心と理解を深めるように努めなければならない」と明記されている。

9 諸外国の精神保健活動の現状及び対策

Q356
☑ ☑

世界的に見て日本の人口千対精神病床数は低い数値にある。

Q357
☑ ☑

WHOによれば、うつ病患者は世界人口で推計3億人以上いるとされている。

Q358
☑ ☑

精神保健医療の専門家数に関しては、「高所得国」と「低所得国」の差はほとんどない。
※高所得国・低所得国とは世界銀行の定めるものである。

Q359
☑ ☑

WHOによる「メンタルヘルスアクションプラン2013-2020」は、アルマ・アタ宣言とも呼ばれている。

Q360
☑ ☑

WHOによる「メンタルヘルスアクションプラン2013-2020」では、「メンタルヘルスなしに健康なし」を原則としている。

A355　✕　[精神保健福祉] 法には、都道府県及び市町村は「精神障害についての正しい知識の普及のための広報活動等を通じて、精神障害者の社会復帰及びその自立と社会経済活動への参加に対する地域住民の関心と理解を深めるように [努めなければならない]」と明記されている (46条)。

A356　✕　世界的に見て日本の人口千対精神病床数は [高い] 数値にある。2018年OECDの調査から見ると、人口千対精神病床数はアメリカは0.3であるが、日本は [2.6] となっている。

A357　○　WHOの報告によれば、うつ病患者は推計 [3億2,200] 万人に上るとされ、世界人口の [4] %を超えるとされている (WHO：Depression and Other Common Mental Disorders)。

A358　✕　精神保健医療の専門家数に関しては、[高所得国] のほうが [低所得国] より格段に多い。人口10万人に対して [高所得国] が52.3人、[低所得国] は0.9人となっている (WHO：Mental Health Atlas 2014)。

A359　✕　アルマ・アタ宣言は [プライマリ・ヘルス・ケア] について出されたものである。

A360　○　WHOによる「メンタルヘルスアクションプラン2013-2020」では、「[メンタルヘルス] なしに健康なし」を原則としている。

Q361 ☑ ☑ WHOの「メンタルヘルスアクションプラン2013-2020」に掲載されたメンタルヘルスの定義は「精神障害によって差別を受け、自らをコントロールしていく力を奪われた人が、本来持っている力を取り戻していく過程」とされている。

Q362 ☑ ☑ WHOによる「メンタルヘルスアクションプラン2013-2020」では、全体的な目標として、精神病床をなくすことが挙げられている。

Q363 ☑ ☑ メンタルヘルスギャップアクションプログラム（mhGAP）は、特に中低所得国における精神・神経・物質使用の障害へのケアを拡充することを目的にしている。

Q364 ☑ ☑ mhGAP介入ガイドは、災害や紛争後の精神保健的支援の在り方について、国際機構や国際NGOの代表による議論に基づき作成された。

Q365 ☑ ☑ タイムトゥーチェンジ（Time to Change）とは、イギリスの精神障害アンチスティグマキャンペーンである。

Q366 ☑ ☑ 精神保健NSFとは、精神保健世界行動計画のことである。

Q367 ☑ ☑ WFMHとは、世界家庭医機構のことである。

A361　✕　WHOによる「メンタルヘルスアクションプラン
2013-2020」において、メンタルヘルスの定義
は、自身の能力を発揮し、日常生活におけるス
トレスに対処でき、生産的に働くことができ、
かつ地域に貢献できるような満たされた状態で
あるとしている。問題文は［リカバリー］の定
義である。

A362　✕　WHOによる「メンタルヘルスアクションプラン
2013-2020」では、全体的な目標として、精神
障害を有する人々の［死亡率・罹患率・障害の
低減］を挙げている。

A363　○　メンタルヘルスギャップアクションプログラム
（mhGAP）は、2008（平成20）年に［WHO］
によって開始された。特に、［中低所得国］にお
ける精神・神経・物質使用の障害へのケアを拡
充することを目的にしている。

A364　✕　mhGAP介入ガイドは、［精神保健専門家のいな
い保健医療の場］で使用する目的で作成された
ものである。災害や紛争後の精神保健的支援の
在り方について、国際機構や国際NGOの代表の
議論に基づき作成されたのは、「災害・紛争等緊
急時における精神保健・心理社会的支援に関す
るIASCガイドライン」である。

A365　○　［タイムトゥーチェンジ］とは、イギリスの精神
障害アンチスティグマキャンペーンである。

A366　✕　精神保健NSFとは、イギリスにおける「精神保
健に関する［ナショナル・サービス・フレーム
ワーク］」のことを指す。

A367　✕　WFMHは［世界精神保健連盟］のことである。

10 我が国の精神保健医療の状況

Q368 精神病床の基準病床数は、全国統一の算定式により算定される。
☑ ☑

Q369 精神保健統計によると、入院患者の半数以上は認知症である。
☑ ☑

Q370 患者調査では、精神病床を退院した患者の平均在院日数について報告されている。
☑ ☑

Q371 患者調査では、「統合失調症圏」で入院している患者数は減少している。
☑ ☑

Q372 精神科病院の任意入院患者数は、全体の8割程度にあたる。
☑ ☑

🐱 参考	精神保健に関する主な厚生労働省統計
人口動態調査	出生、死亡、婚姻、離婚及び死産の人口動態事象の把握
衛生行政報告例	衛生関係諸法規の施行に伴う各都道府県等における衛生行政の実態を把握
患者調査	病院、診療所を利用する患者について、その傷病の状況等を明らかにする

A368　○　精神病床の基準病床数は、[全国統一]の算定式により算定される。基準病床数は、精神病床では都道府県の年齢階級別人口、1年以上継続して入院している割合、病床利用率等から計算される。

A369　✕　2021（令和3）年の[630調査]（精神保健福祉資料）によれば、入院患者のうち最も多いのは[統合失調症圏]（51.2%）である。

A370　○　[患者調査]では、精神病床を退院した患者の平均在院日数について報告されている。

A371　○　「統合失調症圏」で入院している患者数は[減少]している。患者調査では、2008（平成20）年は約18.7万人、2020（令和2）年は約14.3万人である。

A372　✕　2021（令和3）年の630調査によれば、精神科病院の任意入院患者は12万9,139人で、全体の約[半数（49.1%）]となっている。

😺 参考　630調査

精神保健福祉資料（630調査）とは、厚生労働省社会・援護局障害保健福祉部精神・障害保健課が毎年6月30日付で都道府県・指定都市に報告を依頼している調査である。

要点チェックポイント

ポイント
① 「精神保健福祉士法」のポイント

2条：定義	「精神保健福祉士」とは、登録を受け、精神保健福祉士の名称を用いて、精神障害者の保健及び福祉に関する専門的知識及び技術をもって、精神科病院その他の医療施設において精神障害の医療を受け、または精神障害者の社会復帰の促進を図ることを目的とする施設を利用している者の地域相談支援の利用に関する相談その他の社会復帰に関する相談に応じ、助言、指導、日常生活への適応のために必要な訓練その他の援助を行うこと（相談援助）を業とする者をいう
38条の2：誠実義務	精神保健福祉士は、その担当する者が個人の尊厳を保持し、自立した生活を営むことができるよう、常にその者の立場に立って、誠実にその業務を行わなければならない
39条：信用失墜行為の禁止	精神保健福祉士は、精神保健福祉士の信用を傷つけるような行為をしてはならない
40条：秘密保持義務	精神保健福祉士は、正当な理由がなく、その業務に関して知り得た人の秘密を漏らしてはならない。精神保健福祉士でなくなった後においても、同様とする
41条：連携等	1. 精神保健福祉士は、その業務を行うにあたっては、その担当する者に対し、保健医療サービス、「障害者総合支援法」に規定する障害福祉サービス、地域相談支援に関するサービスその他のサービスが密接な連携の下で総合的かつ適切に提供されるよう、これらのサービスを提供する者その他の関係者等との連携を保たなければならない 2. 精神保健福祉士は、その業務を行うにあたって精神障害者に主治の医師があるときは、その指導を受けなければならない
41条の2：資質向上の責務	精神保健福祉士は、精神保健及び精神障害者の福祉を取り巻く環境の変化による業務の内容の変化に適応するため、相談援助に関する知識及び技能の向上に努めなければならない

「精神保健福祉士の倫理綱領」のポイント

前文	個人の尊厳、人と環境の関係を捉える視点、[**共生社会**]、社会福祉学、[**社会的復権**]・権利擁護と福祉、倫理綱領に基づく責務
目的	専門職としての価値、価値に基づく実践、信頼、価値・倫理原則・倫理基準の遵守、多職種連携、個人の尊重、共に生きる社会
倫理原則・倫理基準	1. クライエントに対する責務 　クライエントへの関わり、自己決定の尊重、プライバシーと秘密保持、[**クライエントの批判に対する責務**]、一般的責務 2. 専門職としての責務 　専門性の向上、**専門職自律の責務**、地位利用の禁止、**批判に関する責務**、連携の責務 3. 機関に対する責務 4. 社会に対する責務

 「ソーシャルワーク専門職のグローバル定義」のポイント

定義	ソーシャルワークは、社会変革と社会開発、社会的結束、および人々のエンパワメントと解放を促進する、**実践に基づいた専門職であり学問である**。社会正義、人権、集団的責任、および多様性尊重の諸原理は、ソーシャルワークの中核をなす。ソーシャルワークの理論、社会科学、人文学、および地域・民族固有の知を基盤として、ソーシャルワークは、**生活課題に取り組みウェルビーイングを高めるよう、人々やさまざまな構造**に働きかける。この定義は、各国および世界の各地域で展開してもよい
中核となる任務	ソーシャルワーク専門職の中核となる任務には、**社会変革・社会開発・社会的結束**の促進、および人々の**エンパワメント**と**解放**がある
原則	ソーシャルワークの大原則は、人間の**内在的価値**と**尊厳**の尊重、危害を加えないこと、**多様性**の尊重、人権と**社会正義**の支持である

1 精神保健福祉士の役割と意義 (精神保健福祉士法)

Q373
☑ ☑
精神保健福祉士法の目的は、精神保健福祉士の資格を定め、その業務の適正化を図ることで精神障害者の社会的復権を目指すことと規定している。

Q374
☑ ☑
精神保健福祉士法は、精神保健の向上と精神障害者の福祉の増進に寄与し、精神障害の発生予防と国民の精神的健康の保持及び増進を図ることを目的に定められた。

Q375
☑ ☑
精神保健福祉士法では、精神保健福祉士は、資質向上の責務として、相談援助に関する知識及び技能の向上に努めなければならないと規定している。

Q376
☑ ☑
精神保健福祉士法では、精神保健福祉士は、精神障害者やその家族の信用を傷つけ、その人間としての尊厳を侵してはならないと規定している。

Q377
☑ ☑
1997（平成9）年の精神保健福祉士法の制定時に、精神障害者への地域相談支援の利用に関する相談が精神保健福祉士の役割として明確に位置づけられた。

🐱 **参考** 新しい精神保健福祉士の定義（下線部が追加予定）

「精神保健福祉士」とは、登録を受け、精神保健福祉士の名称を用いて、精神障害者の保健及び福祉に関する専門的知識及び技術をもって、精神科病院その他の医療施設において精神障害の医療を受け、若しくは精神障害者の社会復帰の促進を図ることを目的とする施設を利用している者の地域相談支援の利用に関する相談その他の社会復帰に関する相談又は精神障害者及び精神保健に関する課題を抱える者の精神保健に関する相談に応じ、助言、指導、日常生活への適応のために必要な訓練その他の援助を行うこと（相談援助）を業とする者をいう。（2024（令和6）年4月1日施行）

A373　✕　精神保健福祉士法は、「精神保健福祉士の資格を定めて、その業務の適正を図り、もって [精神保健の向上] 及び精神障害者の [福祉の増進] に寄与すること」を目的とする（1条）。

A374　✕　[精神保健福祉] 法は、精神障害者の医療及び保護を行い、その社会復帰の促進及びその [自立] と [社会経済活動] への参加の促進のために必要な援助を行い、並びにその [発生の予防] その他 [国民] の精神的健康の保持及び増進に努めることによって、精神障害者の福祉の増進及び [国民] の精神保健の向上を図ることを目的とする（1条）。

A375　○　精神保健福祉士法では、精神保健福祉士は、精神保健及び精神障害者の福祉を取り巻く環境の変化による業務の内容の変化に適応するため、相談援助に関する [知識及び技能の向上] に努めなければならないと規定している（41条の2）。

A376　✕　精神保健福祉士法では、[信用失墜行為の禁止]（39条）や [誠実義務]（38条の2）を定めているが、「精神障害者やその家族の信用を傷つけ、その人間としての尊厳を侵してはならない」ことを直接的に規定する条文はない。

A377　✕　[2010（平成22）] 年の精神保健福祉士法の改正では、精神障害者への [地域相談支援] の利用に関する相談が精神保健福祉士の役割として明確に位置づけられた。

3　精神保健福祉相談援助の基盤

Q378 精神保健福祉士は、医療機関等におけるチームの一員として医師の指示のもと、治療中の精神障害者に対する相談支援を行う。

☑ ☑

Q379 精神保健福祉士法では、精神保健福祉士がその業務を行うにあたって、医師その他の医療関係者と協働してその業務を行うように協働義務を規定している。

☑ ☑

Q380 精神障害者に主治医がいるにもかかわらず、精神保健福祉士がその指導を受けなかった場合には、厚生労働大臣は登録の取り消しを行うことができる。

☑ ☑

Q381 精神保健福祉士は、秘密保持義務に違反した場合に、告訴の有無にかかわらず1年以下の懲役または30万円以下の罰金に処されることがある。

☑ ☑

Q382 精神保健福祉士法や精神障害者の保健または福祉に関する法律の規定であって政令で定めるものにより罰金の刑に処せられた者でも、その執行が終わっていれば、精神保健福祉士になることができる。

☑ ☑

Q383 精神保健福祉士の業務として、「助言、指示、日常生活への適応のために必要な訓練その他の援助を行うこと」が精神保健福祉士法に規定されている。

☑ ☑

🐱 **参考** 地域相談支援の利用に関する相談

2010（平成22）年の精神保健福祉士法改正により、精神保健福祉士の定義が見直され、地域相談支援の利用に関する相談に応じる旨が追加された。障害者自立支援法（現：障害者総合支援法）の改正で相談支援体制の強化が図られ、地域相談支援が法定化されたことに伴う改正である。

A378　✕　精神保健福祉士は、医療機関等におけるチームの一員として医師の［指導］を受ける。ただし、精神科訪問看護等の医療サービスへの従事は医師の［指示］による。

A379　✕　精神保健福祉士法では、精神保健福祉士がその業務を行うにあたって、［保健医療］サービス、「障害者総合支援法」が規定する［障害福祉］サービス、［地域相談支援］サービスの提供者その他の関係者等との［連携］を保たなければならないと規定されている（41条1項）。協働義務の規定はない。

A380　○　精神障害者に主治医がいるにもかかわらず、精神保健福祉士がその指導を受けなかった場合には、厚生労働大臣は［登録の取り消し］または期間を定めて［名称の使用停止］を行うことができる（精神保健福祉士法32条2項）。

A381　✕　精神保健福祉士は、秘密保持義務に違反した際、［告訴があった］場合に、［1］年以下の懲役または［30］万円以下の罰金に処されることがある（精神保健福祉士法44条）。

A382　✕　精神保健福祉士法や精神障害者の保健または福祉に関する法律の規定であって政令で定めるものにより［罰金］の刑に処せられ、その執行を終え、または執行を受けることがなくなった日から起算して［2］年を経過しない者は、精神保健福祉士になることができない（3条）。

A383　✕　精神保健福祉士は、「助言、［指導］、日常生活への適応のために必要な訓練その他の援助を行うことを業とする者」と規定（精神保健福祉士法2条）されており、精神障害者に指示を与える立場ではない。

3

精神保健福祉相談援助の基盤

Q384
☑ ☑
禁錮以上の刑に処せられた者は、その執行が終わっていても、精神保健福祉士になることができない。

Q385
☑ ☑
社会福祉士は、精神保健福祉士と同様に、日常生活への適応のために必要な訓練を行う、リハビリテーションの専門職としても位置づけられている。

> 🐱 **参考** 精神保健福祉士の義務等
>
> 2010（平成22）年の精神保健福祉士法改正により、誠実義務（38条の2）と資質向上の責務（41条の2）が追加された。

---

2 精神保健福祉士の役割と意義（専門性と倫理）

Q386
☑ ☑
1948（昭和23）年に、精神科ソーシャルワーカーの前身である社会事業婦が、都立松沢病院に初めて配置された。

Q387
☑ ☑
第二次世界大戦中、従軍兵の戦争神経症への対処として、ソーシャルワーカーが戦地派遣され、精神科ソーシャルワーカーの誕生に寄与した。

A384　✕　[禁錮] 以上の刑に処せられ、その執行を終わり、または執行を受けることがなくなった日から起算して [2] 年を経過しない者は、精神保健福祉士になることができないが、[2] 年を経過していればなることができる（精神保健福祉士法3条）。

. . . .

A385　✕　社会福祉士は、福祉に関する相談に応じ、助言、指導、福祉サービス関係者等との [連絡及び調整] その他の援助を行うことを業とする者と位置づけられている。精神保健福祉士の定義にある「日常生活への適応のために必要な訓練」という部分がなく、リハビリテーションの専門職として位置づけられてはいない。

A386　✕　1948（昭和23）年に、精神科ソーシャルワーカーの前身である社会事業婦が、[国立国府台病院] に初めて配置された。都立松沢病院は1872（明治5）年に、東京府本郷に養育院として始まった。[精神病院] 法成立などに尽力した [呉秀三] らが病院改革を進めるなど、日本の精神科医療の中心として、大きな役割を果たした。

. . . .

A387　✕　精神科ソーシャルワーカーの起源は、[第一次世界大戦] 中のアメリカ軍にある。戦争神経症への対処として精神科ソーシャルワーカーが戦地に派遣された。

Q388 ☑ ☑ 1987（昭和62）年の精神衛生法改正時の附帯決議では、精神科ソーシャルワーカー等のマンパワーの充実を図ることとされた。

Q389 ☑ ☑ 障害者自立支援法において、市町村に精神障害者や家族の相談に対応する職員として、精神保健福祉士を置くことができるようになった。

Q390 ☑ ☑ 精神保健福祉士は、セルフヘルプグループ活動において、積極的にグループワークの技法を用いて自立を促進させる。

Q391 ☑ ☑ イモーションズ・アノニマス（EA）は、アルコホーリスク・アノニマス（AA）が開発した12ステップのプログラムを活用する、精神と感情の問題を抱える人の自助グループである。

Q392 ☑ ☑ 一人暮らしを希望するクライエントに、経済的なめどが立ってから、一人暮らしの実現に向けた地域生活支援を開始する。

Q393 ☑ ☑ ジェネラリストの視点では、地域住民の参加を得ながら発見と見守りの機能を強化することで、予防的な働きかけを重視する。

🐱 **参考** 専門職の定義

ミラーソンは「専門職とは、主観的にも客観的にも相応の職業上の地位を認められ、一定の研究領域を持ち、専門的な訓練と教育を経て、固有の職務を行う、比較的地位が高い、非肉体的職務に属する職業」と定義した。この考えは、日本の社会福祉専門職制度の確立に影響を与えた。

A388　○　1983（昭和58）年の［宇都宮病院］事件などが契機となり、1987（昭和62）年に［精神衛生］法が改正され、精神保健法（現：精神保健福祉法）となった。その際の附帯決議では、精神科ソーシャルワーカー等のマンパワーの充実を図ることとされた。

. . . .

A389　✕　障害者自立支援法施行（現：障害者総合支援法）に伴う［精神保健福祉］法改正によって、2006（平成18）年4月から［都道府県］だけでなく［市町村］においても、精神保健福祉センターや保健所などの施設に［精神保健福祉相談員］を置くことができるようになった。配置は義務ではない。精神保健福祉相談員の要件は［精神保健福祉士］その他政令で定める資格を有する者のうちから、都道府県知事または市町村長が任命するものである。

. . . .

A390　✕　［セルフヘルプグループ］といった［当事者活動］としてのグループワークにおいては、精神保健福祉士は連携や協力の関係性を持つ。したがって、積極的にグループワークの技法を用いて自立を促進させることはしない。

. . . .

A391　○　［イモーションズ・アノニマス］（EA）は、［アルコホーリクス・アノニマス］（AA）が開発した［12ステップのプログラム］を活用する、精神と感情の問題を抱える人の自助グループである。

. . . .

A392　✕　一人暮らしを希望するクライエントに、［経済的な安定を図るための支援］を含めた、一人暮らしの実現に向けた［地域生活支援］を行う。

. . . .

A393　○　ジェネラリストの視点では、地域住民の参加を得ながら発見と見守りの機能を強化することで、［予防的］な働きかけを重視する。

3　精神保健福祉相談援助の基盤

Q394
☑ ☑

精神保健福祉士の倫理綱領の目的では、所属機関と地域社会から信頼を得ることが規定されている。

Q395
☑ ☑

精神保健福祉士の倫理綱領には、所属機関の業務改善を必要とする場合には、速やかに第三者に問題を申告すると明示されている。

Q396
☑ ☑

精神保健福祉士の倫理綱領に基づいて、自己決定の尊重の原則の次に秘密保持原則を優先する。

Q397
☑ ☑

精神保健福祉士は、専門職としての権力を持つため、クライエントの権利を侵害する可能性がある。

Q398
☑ ☑

福祉サービスを提供する際のリスクマネジメントのため、事故の未然防止の観点から、利用者に対して均一なサービスを提供する。

Q399
☑ ☑

対人援助領域におけるレジリエンスとは、精神疾患の病因モデルによる、人が持っている脆弱性をいう。

Q400
☑ ☑

精神保健福祉士が行う自立支援では、セルフヘルプグループの活動において、グループワークの技法を積極的に使用して援助を行う。

🐱 **参考** 秘密保持

「精神保健福祉士の倫理綱領」には、秘密保持に関しては、細心の注意を払い、クライエントだけでなく、クライエントに関係する人々の個人情報に関しても同様の配慮を行うと明示されている（倫理基準 1. クライエントに対する責務（3）プライバシーと秘密保持c）。

A394　✕　精神保健福祉士の倫理綱領では、「精神保健福祉士の専門職としての［価値］を示す」「専門職としての価値に基づき実践する」「クライアントおよび社会から［信頼］を得る」「精神保健福祉士としての価値、［倫理原則］、［倫理基準］を遵守する」「他の専門職や全てのソーシャルワーカーと［連携］する」「すべての人が［個人として尊重］され、共に生きる社会の実現をめざす」の6つの目的が挙げられている。

A395　✕　精神保健福祉士の倫理綱領の倫理基準には、所属機関等が、クライアントの人権を尊重し、業務の改善や向上が必要な際には、［機関］に対して［提言］できるように努め、改善を図ると明示されている（機関に対する責務）。

A396　✕　精神保健福祉士の倫理綱領において、倫理原則間に優先順位はない。それゆえ、倫理原則同士がぶつかり合う［倫理的ジレンマ］が生じることになる。

A397　◯　［Y問題］に代表されるように、精神保健福祉士にはクライアントの［権利を侵害］する可能性を持つ立場であることの自覚が求められる。

A398　✕　福祉サービスを提供する際のリスクマネジメントのため、事故の未然防止の観点から、利用者を［個別化］して捉え、個々の必要性に応じたサービスを提供する。

A399　✕　対人援助領域におけるレジリエンスとは、人に潜在的に備わっている、［逆境から復元できる力］のことをいう。

A400　✕　セルフヘルプグループの活動は、［当事者］同士の相互支援により問題解決や社会的復権を目指す［当事者活動］である。［専門職］から独立した組織であり、精神保健福祉士の関与は限定的である。

Q401
☑ ☑
地域に出向き、サービスに結び付いていない精神障害者を発見することは、精神保健福祉士の行うマクロ領域のソーシャルワーク実践である。

Q402
☑ ☑
マクロ領域のソーシャルワークでは、福祉問題の原因を社会構造から捉え、個人の変化を促す支援を行う。

Q403
☑ ☑
マクロ領域のソーシャルワークでは、社会福祉制度が効果的に運用されるために、環境の調整や整備を行う。

3 ソーシャルワークの国際定義

Q404
☑ ☑
国際ソーシャルワーカー連盟（IFSW）の「ソーシャルワーク専門職のグローバル定義」において、人権と社会正義の原理がソーシャルワークの拠り所とする基盤であると記されている。

Q405
☑ ☑
「ソーシャルワーク専門職のグローバル定義」では、「環境の中の人」、「人と環境が相互作用する接点に介入」といったミクロレベルの表現は排除されている。

Q406
☑ ☑
「ソーシャルワーク専門職のグローバル定義」では、多様性の尊重が謳われ、西洋の諸理論を基準に展開されることが示された。

A401 　✕　地域に出向き、サービスに結び付いていない精
神障害者を発見することは、精神保健福祉士の
行う[ミクロ領域]のソーシャルワーク実践
（[アウトリーチ]）である。

. . . .

A402 　✕　マクロ領域のソーシャルワークでは、福祉問題
の原因を社会構造から捉え、[社会変革]を促進
する。個人の変化を促す支援は[ミクロ領域]の
支援である。

. . . .

A403 　〇　[マクロ領域]のソーシャルワークでは、社会福
祉制度が効果的に運用されるために、環境の調
整や整備を行う。その対象には、地域社会、[制
度・政策]、[社会意識]や文化などを含む。

A404 　✕　「人権と社会正義の原理は、ソーシャルワークの
拠り所とする基盤である」と記されているのは、
2000（平成12）年に採択された国際ソーシャ
ルワーカー連盟の旧定義（ソーシャルワークの
定義）である。

. . . .

A405 　✕　「ソーシャルワーク専門職のグローバル定義」は
[マクロレベル]の重視に特徴があり、ミクロレ
ベルの表現は定義本文ではされていないが、注
釈に記されており、ソーシャルワーク専門職の中
核となる任務・原則・知・実践を説明している。

. . . .

A406 　✕　「ソーシャルワーク専門職のグローバル定義」で
は、従来の[西洋中心主義への批判]から、発
展途上国の声を反映させることで、多様性の尊
重を図っている。

Q407 「ソーシャルワーク専門職のグローバル定義」では、ソーシャルワークの学問基盤を社会福祉学としている。

☑ ☑

---

4 ソーシャルワークの形成過程

Q408 ビアーズは、精神科ソーシャルワーカーとして、精神科医療の改革を目指した精神衛生運動を展開した。

☑ ☑

Q409 ジャレットは、すべてのケースワークに精神医学的観点が必要であることを述べた。

☑ ☑

Q410 ミルフォード会議報告書では、領域や分野ごとの実践の専門性にソーシャル・ケースワークの本質があることが提示された。

☑ ☑

Q411 ジョーンズは、病院の全環境を治療手段として用いる治療共同体の概念を提唱した。

☑ ☑

Q412 ホリスは、人間に共通の欲求充足を権利として認めることを説いた。

☑ ☑

A407　✕　「ソーシャルワーク専門職のグローバル定義」で
は、注釈の「知」において、「ソーシャルワーク
は複数の学問分野をまたぎ、その境界を超えて
いくものであり、[広範な科学的諸理論および研
究]を利用する」としている。

A408　✕　[ビアーズ]はアメリカの精神障害者で、当事者
の立場から精神衛生運動を展開した。1908年
に『わが魂にあうまで』を出版、1909年には
[全国精神衛生委員会]を立ち上げた。

A409　○　ジャレットは、すべてのケースワークに[精神
医学的]観点が必要であることを述べた。なお、
ジャレットが活躍した1900年代前半は、リッ
チモンドが『社会診断』(1917年)を著すなど、
[診断主義ソーシャルワーク]が主流であった。

A410　✕　ミルフォード会議報告書では、ケースワークの
領域や分野の[共通部分]が強調された。

A411　○　ジョーンズは、病院の全環境を治療手段として
用いる[治療共同体]の概念を提唱した。治療
共同体とは、クライエントの[環境]を変える
ことで、その環境の圧力とそこに生活している
クライエントの欲求との相互関係を組織的・意
図的に組み合わせ、クライエントの行動そのも
のを変えることを目的とする組織をいう。

A412　✕　[トール]は、人間に共通の欲求充足を権利とし
て認めることを説いた。

3
精神保健福祉相談援助の基盤

Q413 ロジャーズは、様々な心理療法やカウンセリング理論の基本となっている面接技法を統合したマイクロカウンセリングを開発した。
☑ ☑

Q414 アイビイは、非指示的アプローチである来談者中心療法（クライエント中心療法）を確立した。
☑ ☑

Q415 パールマンは、ソーシャル・ケースワークの精神医学への過度の傾斜を反省し、「リッチモンドに帰れ」という指針を提示した。
☑ ☑

Q416 カプランは、通常の方法では対処できないほどの急激な環境変化を危機としてとらえ、環境を元に戻すための介入を重視している。
☑ ☑

Q417 ハートマンは、危機の状況から効果的で早急に脱出することを目的とした危機介入アプローチの基礎を築いた。
☑ ☑

🐱 **参考** パールマンの6つのP

パールマンは、ケースワークに共通かつ必要な要素として6つのPを提唱し、特に④過程を重視した。

① 人間 (Person)	対人的援助や制度的援助を必要とする人
② 問題 (Problem)	援助を必要とするクライエントが抱える解決すべき問題
③ 場所 (Place)	問題や苦悩を解決するための対人援助を行う具体的な機関などの場
④ 過程 (Process)	問題や苦悩を解決するためのプロセス
⑤ 専門職 (Professional person)	社会福祉士や精神保健福祉士などの専門職
⑥ 制度 (Provisions)	社会福祉援助実践を行うための制度

A413　✕　[アイビイ]は、様々な心理療法やカウンセリング理論の基本となっている面接技法を統合したマイクロカウンセリングを開発した。

A414　✕　[ロジャーズ]は、非指示的アプローチである来談者中心療法（クライエント中心療法）を確立した。当初は[非指示的療法]として提唱し、その後、来談者中心療法と呼称を変え、さらに、[人間中心]アプローチへと発展した。

A415　✕　[マイルズ]は1954年に『アメリカソーシャルワーク理論』の中で、社会福祉援助技術と社会科学との連携を訴え、「リッチモンドに帰れ」と主張した。また、[パールマン]は、1967年に論文の中で「ケースワークは死んだ」と自己批判した。

A416　✕　[カプラン]は、通常の方法では対処できないほどの急激な環境変化を危機としてとらえ、[早期介入]を重視するとともに、適応段階における社会資源の重要性を説いた。

A417　✕　[ラポポート]は、カプランらの[危機理論]をもとに、危機の状況から効果的で早急に脱出することを目的とした危機介入アプローチの基礎を築いた。ハートマンは、[家族中心]アプローチを構築した。

Q418 マーゴリンは、ソーシャルワークに生態学的な視点を導入し、その実践モデルをエコロジカルアプローチとした。

Q419 トーマスは、学習理論の応用に基づく多様な行動変容の方法を整理し、行動変容アプローチとして確立した。

Q420 ジャーメインは、クライエントの心理的側面や生活史を重視し、診断主義アプローチを提唱した。

Q421 ソーシャルワークにおける生活モデルでは、インテークから処遇に至る一連の過程をソーシャルワークと捉える。

Q422 環境との交互作用に焦点を当てた実践をエコロジカルアプローチという。

Q423 クライエントが語る物語に着目し、問題を定義する実践を治療モデルという。

参考 代表的なモデル・アプローチと提唱者

心理社会的アプローチ	ホリス
問題解決アプローチ	パールマン
危機介入モデル	ラポポート
課題中心モデル	エプスタイン、リード
行動変容アプローチ	トーマス
生活モデル	ジャーメイン、ギッターマン
エンパワメントアプローチ	ソロモン
ナラティブアプローチ	マーゴリン、ホワイト、エプスタイン
ストレングスモデル	サリービー

A418　✕　[ジャーメイン] と [ギッターマン] は、ソーシャルワークに生態学的な視点を導入し、その実践モデルをエコロジカルアプローチとした。マーゴリンは、[ナラティブ] アプローチの代表的な実践者である。

A419　○　トーマスは、[学習理論] の応用に基づく多様な行動変容の方法を整理し、[行動変容] アプローチとして確立した。このアプローチでは、問題行動を正しい行動の学習の失敗と捉え、条件反応の消去ないし強化によって特定の問題行動の変容を図る。

A420　✕　[ホリス] は、クライエントの心理的側面や生活史を重視し、[心理社会的] アプローチを提唱した。

A421　✕　ソーシャルワークにおける生活モデルでは、包括的な視点からクライエントの環境の [相互作用の接点] に介入する。

A422　○　環境との交互作用に焦点を当てた実践を [エコロジカル] アプローチという。[ジャーメイン] と [ギッターマン] により理論化された。

A423　✕　クライエントが語る物語に着目し、問題を定義するモデルを [ナラティブ] モデルという。

3

精神保健福祉相談援助の基盤

Q424

☑ ☑

ソーシャルワークにおけるストレングスとは、その人の問題に焦点を当てるのではなく、その人が本来持っている強さに着目し、それを引き出しいかしていくことである。

. . . .

Q425

☑ ☑

ソロモンは、個人と敵対的な社会環境との相互関係によって、人は無力な状態に陥ることが多いとした。

. . . .

Q426

☑ ☑

クライエントの肯定的態度や能力に着目し、主観性を尊重する実践をエンパワメントアプローチという。

. . . .

Q427

☑ ☑

蓄積された統計データを用いて、問題の原因を特定する実践をナラティブモデルという。

5 人権尊重・権利擁護

Q428

☑ ☑

合理的配慮とは、障害者が他の者と平等に全ての人権や基本的自由を享有するための、必要かつ適当な変更や調整のことである。

A424　○　[ストレングス] アプローチは、アメリカにおいて人種差別問題や貧富の差が生じた時代に誕生し、主体的な存在としての人間を強調し、[苦悩] を必須のものとする考え方に理論的基盤を持つ。[サリービー] は、人間はこのような試練を教訓にし、耐えていく力である復元力を基本としているとした。

3 精神保健福祉相談援助の基盤

. . . .

A425　○　[ソロモン] は、個人と [敵対的] な社会環境との相互関係によって、人は [無力] な状態に陥ることが多いとした。また、この状態を改善し、対処する能力を高めていくことを目指した [エンパワメントアプローチ] を提唱した。

. . . .

A426　✕　クライエントの肯定的態度や能力に着目し、主観性を尊重する実践を [ストレングス] モデルという。

. . . .

A427　✕　蓄積された統計データを用いて、問題の原因を特定する実践を [治療] モデルという。

A428　○　障害者の権利に関する条約では、[合理的配慮] を「障害者が他の者との平等を基礎として全ての人権及び基本的自由を享有し、又は行使することを確保するための [必要かつ適当な変更及び調整] であって、特定の場合において必要とされるものであり、かつ、均衡を失した又は [過度の負担を課さない] ものをいう。」と定義している（2条）。

Q429 ☑ ☑ 「障害者差別解消法」は、すべての国民が障害の有無にかかわらず、等しく基本的人権を享有する個人として尊重されるものであるという理念を定めたものである。

Q430 ☑ ☑ ロジャースが『正義論』で主張した格差原理は、その社会において最も恵まれない人が有利となるような資源の配分を目標とした。

Q431 ☑ ☑ ベンサムによる功利主義は、人々の直感から得られた快の総量を計り、「最大多数の最大幸福」の実現を目標とした。

Q432 ☑ ☑ ピアアドボカシーとは、地域の中で障害者が当たり前の生活を営めるように、市民参画型の活動を展開することである。

Q433 ☑ ☑ セルフアドボカシーとは、当事者自らがサービス利用時の権利侵害を回避できるよう専門職が指導することである。

Q434 ☑ ☑ シチズンアドボカシーとは、当事者の権利が市民の立場から擁護されるよう地域社会に働きかけることである。

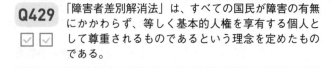

参考 合理的配慮の提供義務

障害者差別解消法の改正法（2021（令和3）年5月成立）により、従来、努力義務であった民間事業者の合理的配慮の提供が、国や地方公共団体などと同様に義務化された。

A429　✕　すべての国民が障害の有無にかかわらず、等しく基本的人権を享有する個人として尊重されるものであるという理念を定めているのは、[障害者基本]法である。「障害者差別解消法」は、この理念にのっとり、障害を理由とする差別の解消を推進し、すべての国民が、障害の有無によって分け隔てられることなく、相互に人格と個性を尊重し合いながら共生する社会の実現に資することを目的とする。

A430　✕　[ロールズ]が『正義論』で主張した格差原理は、その社会において最も恵まれない人が有利となるような[資源の配分]を目標とした。ロジャースは、カウンセリングにおける[来談者中心]アプローチの提唱者である。

A431　✕　ベンサムによる功利主義は、[社会の幸福の総量]を計り、「最大多数の最大幸福」の実現を目標とした。

A432　✕　ピアアドボカシーとは、権利を侵害された[当事者]が、権利を侵害されている[他者の権利擁護]に取り組む行為を指す。市民参画型の活動を展開するのは[シチズンアドボカシー]である。

A433　✕　[セルフアドボカシー]とは、[当事者自ら]が自身の権利擁護を図ることを指す。したがって、当事者と専門職の間に指導─被指導の関係はない。

A434　✕　[シチズンアドボカシー]とは、市民として市民全体の権利擁護を意図するもので、[市民運動]としてのソーシャルアクション活動である。したがって、狭義の当事者という概念を持たず、いわば市民全員が当事者となる。

3 精神保健福祉相談援助の基盤

Q435 リーガルアドボカシーとは、障害者自らが、法的な面から権利を主張する活動のことである。

Q436 ソーシャルワーカーの理念と組織・制度の問題を結び付けるために、クライエント集団と地域福祉政策とを結び付けることは、精神保健福祉士が行うアドボカシーにおける介入機能である。

Q437 精神障害者の権利擁護を行う際の調整機能とは、法制度の改正・改革に向けた活動や、新たなサービスづくりを行うことである。

Q438 精神障害者の権利擁護を行う際の発見機能とは、ソーシャルワークの理念と組織・制度の問題を結び付けるために、クライエント集団が地域福祉政策を活用できるようにすることである。

Q439 「障害福祉サービス等の提供に係る意思決定支援ガイドライン」（平成29年3月厚生労働省）では、本人の自己決定に必要な情報の説明は、本人が理解できるよう工夫して行うことが重要であるとする。

🐱 **参考** 障害者の意思決定を構成する要素

以下の3つの要素が、障害者の意思決定を構成する。
① 本人の判断能力（判断能力の程度は意思決定に大きく影響する）
② 意思決定支援が必要な場面（日常生活における場面と社会生活における場面がある）
③ 人的・物理的環境による影響（意思決定支援は、本人に関わる人々による影響や環境による影響、本人の社会経験の多寡の影響等を受ける）

A435 ✕ リーガルアドボカシーとは、[法律]に関するアドボカシーであり、弁護士など法務の専門家が、法的な手続きなどを通して代理、代行などを行う活動である。

A436 ○ ソーシャルワーカーの理念と組織・制度の問題を結び付けるために、クライエント集団と地域福祉政策とを結び付けることは、アドボカシーにおける[介入機能]である。このときのソーシャルワーカーの理念は権利擁護を指し、ソーシャルワーカーは[攻撃的介入者]の立場をとる。

A437 ✕ 精神障害者の権利擁護を行う際の[変革機能]とは、法制度の改正・改革に向けた活動や、新たなサービスづくりを行うことである。調整機能は、利用者とサービス提供者の間で個別に行われる[ケースアドボカシー]のことである。

A438 ✕ 精神障害者の権利擁護を行う際の[発見機能]とは、権利侵害が発生している問題を発見し[問題提起]する機能である。クライエント集団が地域福祉政策を活用できるようにする機能は、精神保健福祉士が攻撃的介入者・触媒となる[介入機能]を指す。

A439 ○ 「障害福祉サービス等の提供に係る意思決定支援ガイドライン」(平成29年3月厚生労働省)では、本人の自己決定に必要な情報の説明は、[本人が理解できるよう工夫して行う]ことが重要であるとする。[意思決定支援]とは、自ら意思を決定することに困難を抱える障害者が、自らの意思が反映された生活を送ることができるように、可能な限り本人が[自ら意思決定]できるよう支援する行為及び仕組みをいう。本人の意思の確認や意思及び選好を推定し、支援を尽くしてもそれが困難な場合には、最後の手段として[本人の最善の利益]を検討するために事業者の職員が行う。

3 精神保健福祉相談援助の基盤

Q440 ☑ ☑ 精神科病院の管理者は、入院の形態にかかわらず信書の発受、患者代理人である弁護士、人権擁護に関する行政機関職員との面会や電話を制限することができる。

Q441 ☑ ☑ 地方精神保健福祉審議会は、都道府県知事の諮問に答えるほか、精神保健及び精神障害者の福祉に関する事項に関して知事に意見を具申することができる。

Q442 ☑ ☑ 精神科病院に入院中の者またはその家族等は、精神科病院の管理者に対し、精神保健福祉法に基づく退院請求を申し立てることができる。

Q443 ☑ ☑ 都道府県知事は、精神科病院に入院中の者の処遇に関し、当該病院の主治医に対し処遇の改善のための必要な措置をとるよう命じることができる。

Q444 ☑ ☑ 市町村長は、精神障害者の福祉を図るため必要があると認めるときは、地方裁判所に対し後見、保佐、補助の開始等の審判を請求することができる。

🐱 **参考** 精神医療審査会

精神科病院に入院している精神障害者の処遇等について専門的かつ独立的に審査を行うため、都道府県に精神医療審査会を置く（精神保健福祉法12条）。

A440 ✕ 精神科病院の管理者は、入院中の者につき、その医療または保護に欠くことのできない限度において、その行動について [必要な制限] を行うことができる（精神保健福祉法36条1項）。ただし、入院の形態にかかわらず、[信書の発受]、患者代理人である弁護士、人権擁護に関する [行政機関の職員] との面会や電話を制限することはできない（同法36条2項）。また、隔離や拘束などの行動制限は、[指定医] が必要と認める場合でなければ行うことができない（同法36条3項）。

A441 ○ 都道府県に [置くことができる] 地方精神保健福祉審議会は、[都道府県知事] の諮問に答えるほか、精神保健及び精神障害者の福祉に関する事項に関して知事に [意見を具申] することができる（精神保健福祉法9条1項、2項）。

A442 ✕ 精神科病院に入院中の者またはその家族等は、[都道府県知事] に対し、精神保健福祉法に基づく退院請求を申し立てることができる（精神保健福祉法38条の4）。

A443 ✕ [都道府県知事] は、[精神医療審査会] の審査結果に基づき、精神科病院に入院中の者の処遇に関し、当該病院の [管理者] に対し処遇の改善のための必要な措置をとるよう命じなければならない（精神保健福祉法38条の5の5項）。

A444 ✕ [市町村長] は、精神障害者の福祉を図るため必要があると認めるときは、[家庭裁判所] に対し、後見、保佐、補助の開始等の審判を請求することができる（精神保健福祉法51条の11の2）。

Q445 「良質かつ適切な精神障害者に対する医療の提供を確保するための指針」(厚生労働省)では、精神障害者本人の同意なく入院が行われる場合の、インフォームドコンセントを免除している。

☑ ☑

6 ノーマライゼーション

Q446 精神保健福祉士が行うノーマライゼーションの理念に即した活動として、グループホームで生活する精神障害者が町内会のイベントに参加し運営を担えるよう、コーディネートを行った。

☑ ☑

Q447 アメリカやカナダにおいて、ノーマライゼーションの概念を推進したヴォルフェンスベルガーは、「人間の福利(ウェルビーイング)」の理念を主張した。

☑ ☑

Q448 ミケルセンは、ノーマライゼーションという用語と考え方を、世界で初めて福祉政策の中に織り込んで行政に反映させたことから、ノーマライゼーションの生みの父と呼ばれている。

☑ ☑

Q449 ソーシャルイクオリティとは、障害者が地域において普通の生活を営むことが、当たり前である社会をつくる理念をいう。

☑ ☑

A445　✕　「良質かつ適切な精神障害者に対する医療の提供を確保するための指針」（厚生労働省）の基本的な考え方の一つとして、インフォームドコンセントの理念に基づき、精神障害者本人の同意なく入院が行われる場合においても、精神障害者の［人権に最大限配慮］した医療を提供することを挙げている。

A446　◯　［ノーマライゼーション］とは、［障害の有無にかかわらず］すべての人々が同じ環境で生活を送ることができる社会を目指す営みである。精神障害を有していても、町内会の一員としてイベントに参加できるようコーディネートを行うことは、その理念に即した活動といえる。

A447　✕　アメリカやカナダにおいて、ノーマライゼーションの概念を推進したヴォルフェンスベルガーは、［社会的役割の実践（ソーシャル・ロール・バロリゼーション）］の理念を主張した。

A448　◯　［ミケルセン］は、ノーマライゼーションという用語と考え方を、世界で初めて福祉政策の中に織り込んで行政に反映させたことから、［ノーマライゼーションの生みの父］と呼ばれている。

A449　✕　［ノーマライゼーション］とは、障害者が地域において普通の生活を営むことが、当たり前である社会をつくる理念をいう。［ソーシャルイクオリティ］とは、不平等を是正し、社会的平等を実現する考えのことである。

Q450 ☑ ☑ マーゴリンは、公民権運動に基づいて、差別や偏見により人権を損なわれている人々への援助に、エンパワメントを位置づけた。

Q451 ☑ ☑ ヴォルフェンスベルガーは、ノーマライゼーションの理念として、社会的に価値を低められている人々に、社会的役割をつくり出すことを提唱した。

Q452 ☑ ☑ ニィリエは、「知的障害者の日常生活をできるだけ社会の主流となっている規範や形態に近づけるようにすること」とし、「8つの原理」を定めた。

Q453 ☑ ☑ ノーマライゼーションは、障害者が、障害のない人と変わらない普通の生活を送ることができるように、障害者を訓練し、社会に適応させていくことの重要性を唱えた理念である。

Q454 ☑ ☑ 精神保健福祉士が行うノーマライゼーションの理念に即した活動として、金銭管理に不安のある判断能力が不十分な精神障害者に対し、日常生活自立支援事業の活用を勧めた。

Q455 ☑ ☑ 障害者の権利に関する条約によれば、ユニバーサルデザインとは、できるだけ多くの障害者が使用できるよう、個々の障害特性ごとに製品や環境の設計をすることである。

🐱 **参考** ニィリエ「8つの原理」

①1日のノーマルなリズム、②1週間のノーマルなリズム、③1年間のノーマルなリズム、④ライフサイクルにおけるノーマルな発達経験、⑤ノーマルな個人の尊厳と自己決定権、⑥その文化におけるノーマルな性的関係、⑦その社会におけるノーマルな経済水準とそれを得る権利、⑧その地域におけるノーマルな環境形態と水準の8つがある。

A450　✕　[公民権運動] に基づいて、差別や偏見により人権を損なわれている人々への援助に、[エンパワメント] を位置づけたのは [ソロモン] である。[マーゴリン] は、[ナラティブアプローチ] の実践者として知られ、援助者による被援助者への抑圧を指摘した。

A451　○　[ヴォルフェンスベルガー] は、逸脱している個人が変容することで社会への適応を図るという個人の変容を含む [ソーシャル・ロール・バロリゼーション] としてのノーマライゼーションを主張した点で、ミケルセンやニィリエらの考え方と大きく異なる。

A452　○　[ニィリエ] は、「知的障害者の日常生活をできるだけ社会の主流となっている規範や形態に近づけるようにすること」とし、「8つの原理」を定めた。「ノーマライゼーションの育ての父」と呼ばれている。

A453　✕　ノーマライゼーションは、障害者が、障害のない人と変わらない普通の生活を送ることができるように、[社会] を変えていくことの重要性を唱えた理念である。

A454　✕　金銭管理に不安のある判断能力が不十分な精神障害者に対し、[日常生活自立支援事業] の活用を勧めることは援助の一つの方法として重要である。しかし、ノーマライゼーションの理念と直接的に関係するものではない。

A455　✕　障害者の権利に関する条約によれば、ユニバーサルデザインとは、[調整または特別な設計] を必要とすることなく、最大限可能な範囲で [すべての人] が使用することのできる製品、環境、計画及びサービスの設計をいう。

3

精神保健福祉相談援助の基盤

7 保健、医療、福祉等の各分野における 相談援助

Q456

☑ ☑

インフォームドコンセントは、精神保健福祉士が関係者や社会に対して実施する、実践やその結果に関する情報開示や説明の根拠となる考えを示すものである。

Q457

☑ ☑

従業員支援プログラム（EAP）は、従業員の心の健康への配慮を行い、生産性を高めるための活動である。

Q458

☑ ☑

個別職業紹介とサポート（IPS）は、職業前評価や訓練を行ってから就労につなげる活動である。

Q459

☑ ☑

インテンシブモデルでは、精神保健福祉士は積極的に地域に出向き、利用者の生活の場で具体的な援助と生活訓練などを提供する。このモデルでは、多職種チームを採用し、チームとして個々の利用者を担当し地域保健サービスやほかのサービスを活用する。

Q460

☑ ☑

社会的諸目標モデルとは、グループワークの最も伝統的なモデルで、個人及びグループは潜在的に社会問題の解決に影響を及ぼす能力があると考え、ワーカーはグループ過程を促進して、個人やグループを取り巻く環境の変革に取り組むものである。

A456 ✕ ［アカウンタビリティ］（説明責任）は、精神保健福祉士が関係者や社会に対して実施する、実践やその結果に関する情報開示や説明の根拠となる考えを示すものである。［インフォームドコンセント］は、説明と同意のこと。

A457 ◯ ［EAP（Employee Assistance Program）］は、従業員の［メンタルヘルス対策］としてアメリカで発達した。従業員の精神的健康を保つことで、生産性の低下など企業側の損失を防ぐことにもつながる。

A458 ✕ ［IPS（Individual Placement and Support）］は、包括型地域生活支援プログラム（ACT）から派生したもので、重度の精神障害者を対象とする。［働く意欲］に着目しており、技能獲得等を前提としない。

A459 ✕ ［インテンシブモデル］では、精神保健福祉士は積極的に地域に出向き、利用者の生活の場で具体的な援助と生活訓練などを提供する。このモデルでは、多職種のチームアプローチを［採用せず］、［支援者］が個々の利用者を担当し地域保健サービスやほかのサービスを活用する。

A460 ◯ ［社会的諸目標モデル］とは、グループワークの最も伝統的なモデルで、個人及びグループは潜在的に社会問題の解決に影響を及ぼす能力があると考え、ワーカーはグループ過程を促進して、個人やグループを取り巻く環境の変革に取り組むものである。

3

精神保健福祉相談援助の基盤

Q461
☑ ☑
固定的なスーパーバイザーを置かず、数名の精神保健福祉士がスーパーバイザーとスーパーバイジーの両方の役割を行いながら、支援の視点や価値について意見を出し合い検討するのはグループスーパービジョンである。

Q462
☑ ☑
医療保護入院は、本人の同意が得られないが、医療及び保護の入院が必要だと判断された場合、精神保健指定医の診察及び保護者の同意があれば入院させることができる入院形態である。

Q463
☑ ☑
措置入院とは、1名の精神保健指定医の診察の結果、自傷他害のおそれがあると認めたときに、都道府県知事により、強制的に入院させることができる入院形態である。

Q464
☑ ☑
同意入院とは、いわゆる任意入院のことで、本人の同意によって入院する入院形態のものである。

Q465
☑ ☑
応急入院とは、入院を必要とする精神障害者で、意識不明、意識混濁等により身元確認ができず、急速を要し、保護者の同意が得られない者を入院させる入院形態で、身元が確認できるまでの間入院させることができる。

参考 医療保護入院の見直し予定

2022(令和4)年の精神保健福祉法改正により、医療保護入院において、家族等が同意・不同意の意思表示を行わない場合にも、市町村長の同意による入院が可能となる。また、入院期間を定め、一定期間ごとに入院の要否(病状、同意能力等)の確認を行うこととなった。(2024(令和6)年4月1日施行)

A461　✕　固定的なスーパーバイザーを置かず、数名の精神保健福祉士がスーパーバイザーとスーパーバイジーの両方の役割を行いながら、支援の視点や価値について意見を出し合い検討するのは［ピアスーパービジョン］である。

A462　✕　［医療保護入院］は、入院を必要とする精神障害者で、自傷他害のおそれはないが、任意入院を行う状態にない者を対象として、本人の同意がなくても、［精神保健指定医］の診察及び［家族］のうちいずれかの者の同意があれば入院させることができる。保護者制度は2014（平成26）年4月に施行された改正精神保健福祉法で廃止。

A463　✕　［措置入院］とは、［2名以上の精神保健指定医］による診察の結果、入院させなければ自傷他害のおそれがあると認めたとき、国等の設置した精神科病院または指定病院に都道府県知事による措置で入院させることができる入院形態である。なお、［緊急措置入院］は、急速な入院の必要性がある場合に適用される。精神保健指定医の診察は［1］名で足りるが、入院期間は［72］時間以内の制限がある。

A464　✕　［同意入院］とは、1950（昭和25）年に施行された精神衛生法33条の「保護義務者の同意による入院」のことで、1987（昭和62）年の精神保健法への改正時に、本人の意志による任意入院と保護者の同意による医療保護入院へと変更された。

A465　✕　［応急入院］とは、入院を必要とする精神障害者で、任意入院を行う状態になく、急速を要し、家族等の同意が得られない場合に入院させるものである。精神保健指定医（又は特定医師）の診察が必要であり、入院期間は［72］時間以内に制限（特定医師による診察の場合は12時間まで）される。

8 医療機関・行政機関・民間施設等と専門職

Q466
☑ ☑
都道府県は、精神障害者保健福祉手帳の交付の判定を行う。

Q467
☑ ☑
市町村は、医療保護入院のための移送に関する相談を受け、実施する。

Q468
☑ ☑
保健所は、措置入院及び医療保護入院の患者またはその保護者等から退院の請求または処遇の改善の請求があったときは、入院が必要であるかどうか、処遇が適当であるかの審査を行う。

Q469
☑ ☑
家庭裁判所は、親族や利害関係人からの申立てにより保護者の選任を行う。

Q470
☑ ☑
退院後生活環境相談員は、任意入院者及びその家族等に対し、退院促進へのかかわりについて説明を行う。

Q471
☑ ☑
保健師による保健指導では、対象者の生活を基盤とし、対象者が自らの生活における課題に気づき、健康的な行動変容の方向性を自ら導き出せるよう支援する。

Q472
☑ ☑
生活保護現業員は、リワークプログラムにおいて就労に関するアセスメントを行う。

Q473
☑ ☑
精神保健福祉相談員は、精神保健及び精神障害者の福祉に関する相談に応じ、並びに精神障害者及びその家族等その他の関係者を訪問して必要な指導を行う。

A466　✕　[精神保健福祉センター] は、精神障害者保健福祉手帳の交付の判定を行う。

A467　✕　[都道府県] は、医療保護入院のための移送に関する相談を受け、実施する。

A468　✕　[精神保健福祉センター] に置かれる [精神医療審査会] は、措置入院及び医療保護入院の患者またはその保護者等から [退院] の請求または [処遇の改善] の請求があったときは、入院が必要であるかどうか、処遇が適当であるかの審査を行う。

A469　✕　2014（平成26）年4月に施行された改正精神保健福祉法により、[保護者制度] は廃止された。それ以前の保護者制度における保護者選任の手続きでは、親族や利害関係人からの申立てにより行われていた。

A470　✕　退院後生活環境相談員は、[医療保護入院者] 及びその家族等に対し、退院促進へのかかわりについて説明を行う。

A471　○　保健師による保健指導では、対象者が自分の健康に関する [セルフケア]（自己管理）ができるようになることを目的とする。

A472　✕　[障害者職業カウンセラー] は、リワークプログラムにおいて就労に関するアセスメントを行う。

A473　○　[精神保健福祉相談員] は、精神保健及び精神障害者の福祉に関する相談に応じ、並びに精神障害者及びその家族等その他の関係者を訪問して必要な指導を行う。精神保健福祉センターや保健所などの [行政機関] に配置される。

Q474
☑ ☑
公認心理師は、主治医の指示がなくても心理検査や心理療法を実施することができる。

Q475
☑ ☑
障害者職業カウンセラーは、障害者の職場で支援計画に基づく直接支援を行う。

Q476
☑ ☑
作業療法士は、医師の指示の下に状態像の評価やリハビリテーションに取り組む、業務独占の国家資格職種である。

Q477
☑ ☑
看護師、精神保健福祉士等が、医師の指示のもとに、SST（社会生活技能訓練）や集団精神療法を一定時間行った場合には診療報酬が算定できる。

Q478
☑ ☑
薬剤師は、処方せんに記載された医薬品につき、いかなる場合もこれを変更して調剤してはならない。

Q479
☑ ☑
保護観察官は、医療観察制度の対象者の精神保健観察を行う。

Q480
☑ ☑
社会復帰調整官は、地方裁判所が対象者の処遇に関する審判を行う際に、処遇の要否について意見を述べる。

Q481
☑ ☑
精神保健判定医は、措置入院の解除を判断するための診察を行う。

A474　✕　公認心理師は、その業務を行うに当たって心理に関する支援を要する者に当該支援に係る主治の医師があるときは、その［指示］を受けなければならない。

A475　✕　障害者職業カウンセラーは、［障害者職業センター］に配置され、職業リハビリテーション計画の策定や職リハ計画を実現するための［助言・指導］などを行う。

A476　✕　作業療法士は、「作業療法士の名称を用いて、医師の指示の下に、作業療法を行なうことを業とする者」（理学療法士及び作業療法士法2条4項）で、［名称独占］の国家資格職種である。

A477　◯　看護師、精神保健福祉士等が、医師の指示のもとに、［SST（社会生活技能訓練）］や［集団精神療法］を一定時間行った場合には、診療報酬が算定できる。

A478　✕　薬剤師は、処方せんに記載された医薬品につき、その処方せんを交付した医師等の［同意］を得た場合を除くほか、これを変更して調剤してはならない。

A479　✕　［社会復帰調整官］は、医療観察制度の対象者の精神保健観察を行う。［保護観察官］は、更生保護制度の対象者の保護観察を行う。

A480　✕　［精神保健参与員］は、地方裁判所が［裁判官］と精神保健審判員である［精神科医］による合議体によって、対象者の処遇に関する審判を行う際に、処遇の要否について意見を述べる。

A481　✕　［精神保健指定医］は、措置入院の解除を判断するための診察を行う。精神保健判定医は、精神保健審判員・鑑定医として必要な学識経験を有する医師のこと。

9 総合的かつ包括的な援助の意義と内容

Q482
☑ ☑
学生納付特例制度とは、20歳になったときから国民年金の被保険者となり、保険料の納付が義務づけられるが、学生については、申請により在学中の保険料の納付が猶予されるもので、すべての学生が対象となる。

Q483
☑ ☑
特別障害者手当制度は、20歳以上で、おおむね身体障害者手帳1、2級程度及び愛の手帳1、2度程度の障害が重複している者、もしくはそれと同等の疾病・精神障害のある者で、病院または診療所に継続して3か月を超えて入院している者及び施設等に入所している者が対象である。

Q484
☑ ☑
特別障害給付金制度とは、国民年金に任意加入していなかったことにより、障害基礎年金等を受給していない障害者について、福祉的措置として創設されたものである。

Q485
☑ ☑
通院しながら子育てをするうつ病のクライエントに、ファミリー・サポート・センター事業の利用を提案する。

A482　✕　学生納付特例制度とは、20歳になったときから国民年金の被保険者となり、保険料の納付が義務づけられるが、学生については、申請により在学中の保険料の[納付が猶予]されるものである。[本人の所得が一定額以下]の学生が対象となる。なお、家族の者の所得の多寡は問わない。

A483　✕　特別障害者手当制度は、精神または身体に著しく重度の障害を有するため、日常生活において[常時特別]の介護を必要とする状態にある[在宅]の[20]歳以上の者が対象で、支給月額は27,300円（2022（令和4）年4月〜）である。また、所得制限として、受給者もしくはその配偶者または扶養義務者の前年の所得が一定の額以上であるときは手当は支給されない。

A484　○　過去の国民年金制度では、大学生やサラリーマンの配偶者などは加入することが[任意]とされていた。そのため国民年金に[未加入]であった者が、その時期の病気やけがにより障害を負っても、障害基礎年金の給付を受けることができなかった。この救済として給付金を支給する制度が[特別障害給付金制度]である。

A485　○　通院しながら子育てをするうつ病のクライエントに、[ファミリー・サポート・センター事業]（子育て援助活動支援事業）の利用を提案する。乳幼児や小学生等の児童を有する子育て中の労働者や主婦等を会員として、児童の預かりの援助を受けたい者と当該援助を行いたい者との相互援助活動に関する連絡、調整等を行う事業である。

Q486 ホームレスに至った原因を特定するため、環境要因よりも個人要因を重視し分析する。

☑ ☑

Q487 セルフネグレクトの状態にあり、援助を拒む住民には、アウトリーチで継続した支援を行う。

☑ ☑

Q488 地域の福祉ニーズを的確に把握し、必要なサービスが不足している場合には、既存のサービスを組み合わせ支援する。

☑ ☑

10 多職種連携（チームアプローチ含む）の意義と内容

Q489 包括型地域生活支援プログラム（ACT）においては、危機的状況に介入することが多いため、医師の役割が優先される。

☑ ☑

Q490 インターディシプリナリ・モデルにおいては、ほかのモデルより課題達成のために多職種間で役割を横断的に共有することが多い。

☑ ☑

Q491 トランスディシプリナリ・モデルにおいては、専門職はあらかじめ決められた役割をこなす。

☑ ☑

Q492 マルチディシプリナリ・モデルにおいては、専門職間に階層性がなく、相互作用性は大きい。

☑ ☑

Q493 精神科医療チームにおける多職種連携のメンテナンス機能は、目的の一致、役割と責任の相互確認及び情報共有を基本にチームの維持を図ることである。

☑ ☑

A486 ✗ ホームレスに至った原因を特定するため、[生活モデル] に基づき、個人要因と環境要因の双方に着目し分析する。

A487 ○ セルフネグレクトの状態にあり、援助を拒む住民には、[アウトリーチ] で継続した支援を行い、[ラポール] の形成に努める。

A488 ✗ 地域の福祉ニーズを的確に把握し、必要なサービスが不足している場合には、[ソーシャルアクション] などに取り組み、必要なサービスを創出する。

A489 ✗ 包括型地域生活支援プログラム（ACT）は、危機的状況に介入することが多いが、医師の役割が優先されるわけではなく、あくまで [チームアプローチ] である。

A490 ✗ インターディシプリナリ・モデルは、[階層性] がなく、[相互作用性] が大きい点でトランスディシプリナリ（分野横断的）・モデルと同様だが、[役割固定性] の強さに違いがある。多職種間で役割を横断的に共有することが多いのは、[トランスディシプリナリ]・モデルである。

A491 ✗ [マルチディシプリナリ]・モデルにおいては、専門職はあらかじめ決められた役割をこなす。

A492 ✗ [トランスディシプリナリ]・モデルにおいては、専門職間に階層性がなく、相互作用性は大きい。

A493 ○ 精神科医療チームにおける多職種連携のメンテナンス機能は、一般に「チームワーク」と呼ばれる機能を指す。

Q494 ☑ ☑ 精神保健福祉士は、多機関に所属する専門職からなるチームを統括し、クライエントの生活を総合的かつ包括的に援助するように指揮する。

Q495 ☑ ☑ 外部の専門家からスーパービジョンを受ける場合には、守秘義務よりも第三者への情報提供を優先することができる。

Q496 ☑ ☑ スーパーバイザーとしての精神保健福祉士の役割は、クライエントの生活を支援するために、専門職間の連携を図り、連絡調整を行うことである。

Q497 ☑ ☑ 多職種連携の意義として、専門職の間で発生する対立・葛藤を未然に防止することができることがある。

Q498 ☑ ☑ 社会復帰調整官が主催して医療観察法における退院支援のために行う会議として、「マルチディシプリナリチーム（MDT）会議」がある。

Q499 ☑ ☑ 指定地域移行支援従事者が地域移行支援計画の作成にあたって関係者から意見を求める会議として、「計画作成会議」がある。

A494　✕　精神保健福祉士は、多機関に所属する専門職からなるチームで［連携・協働］を図り、チームメンバーとともにクライエントの生活を総合的かつ包括的に援助する。

A495　✕　外部の専門家からスーパービジョンを受ける場合には、第三者への情報提供よりも［守秘義務］を優先しなければならない。スーパービジョンでは、実践上の困難等に対する教育や支援を行うものであり、そのことをもって情報提供を優先させる理由にはならない。

A496　✕　［コーディネーター］としての精神保健福祉士の役割は、クライエントの生活を支援するために、専門職間の連携を図り、連絡調整を行うことである。

A497　✕　多職種チームは［専門性］・［専門職性］が異なる集団であるため、そのことに端を発する対立や葛藤は防止するものではない。当然に生じる対立や葛藤の構造を理解し、［連携によるケアの効果］を追求する姿勢が求められる。

A498　✕　社会復帰調整官が主催する退院支援のために行う会議は［ケア会議］である。［MDT（Multi-Disciplinary Team）］は医療観察法病棟で行われている医療チーム体制で、一人一人の対象者に対し「個別治療計画」を作成し援助を行う。MDT会議は医療観察法医療を行う上での中核となる。

A499　◯　［地域移行支援計画］は、利用者の具体的な意向の聴取や、精神科病院・入所施設等の関係者との個別支援会議の開催等を踏まえて、指定地域移行支援従事者が作成する。そのための会議が「計画作成会議」である。

3

精神保健福祉相談援助の基盤

4 精神保健福祉の理論と相談援助の展開①

出る！出る！

要点チェックポイント

ポイント1 法制度の変遷

年	法律名	主なポイント
1900 (明治33)	精神病者監護法	• 法的に監護義務者による私宅監置を認める
1919 (大正8)	精神病院法	• 道府県に公立精神病院の設置を進める • 代用病院制度
1950 (昭和25)	精神衛生法	• 都道府県に対して精神科病院の設置の義務化 • 精神衛生鑑定医制度の新設
1965 (昭和40)	精神衛生法の一部改正	• 自傷他害が著しい精神障害者に対する緊急措置入院制度の新設 • 通院医療費公費負担制度の新設 • 保健所を地域における精神保健行政の第一線機関に位置づける • 保健所へ精神衛生相談員の配置 • 精神衛生センターを各都道府県に設置
1987 (昭和62)	精神保健法	• 任意入院制度の新設 • 応急入院制度の新設 • 精神保健指定医制度の新設 • 精神医療審査会制度の新設 • 入院時等の書面による告知義務規定の新設 • 精神障害者社会復帰施設の規定の新設
1993 (平成5)	精神保健法の一部改正	• 精神障害者地域生活援助事業（グループホーム）の法制化 • 保護義務者から保護者への名称変更 • 大都市特例の規定 • 精神障害者社会復帰促進センターの規定
1995 (平成7)	精神保健及び精神障害者福祉に関する法律 (精神保健福祉法)	• 精神障害者保健福祉手帳制度の創設 • 精神障害者社会適応訓練事業の法制化 • 市町村の役割について明記 • 社会復帰施設の4類型の明記 • 公費負担医療の医療保険優先化 • 精神保健指定医制度の充実

年	法律名	主なポイント
1999 (平成11)	精神保健福祉法の一部改正	• 精神医療審査会の機能強化（委員数の制限廃止など） • 医療保護入院の要件の明確化 • 移送制度の新設 • 精神科病院に対する指導監督の強化 • 保護者の自傷他害防止監督義務規定の削除等の負担軽減 • 精神障害者地域生活支援センターを規定 • 精神保健福祉センターでの通院医療費公費負担・精神障害者保健福祉手帳の審査及び精神医療審査会の事務局業務の追加※ • 精神障害者居宅生活支援事業を法定化※ • 市町村の役割強化（福祉サービスの利用に関する相談、助言等を市町村中心で行う）※
2006 (平成18)	精神保健福祉法の一部改正	• 障害者自立支援法に伴う項目の削除 • 精神科病院等に対する指導監督体制の見直し • 定期病状報告制度の見直し • 長期入院患者に同意の再確認の仕組みを導入 • 行動制限についての一覧性のある台帳の整備 • 緊急時の入院等にかかわる診療の特例措置導入 • 精神障害者保健福祉手帳の見直し • 精神分裂病を統合失調症に呼称変更※※
2010 (平成22)	精神保健福祉法の一部改正	• 精神保健指定医による都道府県知事への協力 • 精神科救急医療の確保 • 相談指導に関する行政機関の役割の見直し • 精神障害者社会適応訓練事業の規定の削除 • 医療施設の設置者による配慮 • 精神保健福祉センターの業務の追加 • 精神科病院等における一般相談支援事業者との連携
2014 (平成26)	精神保健福祉法の一部改正	• 精神障害者の医療の提供を確保するための指針の策定 • 保護者制度の廃止 • 医療保護入院の見直し（退院後生活環境相談員の設置等） • 退院促進のための体制整備（医療保護入院者退院支援委員会等） • 精神医療審査会の委員に精神障害者の保健または福祉に関し学識経験を有する者を規定 • 退院請求できる者に入院者本人とともに家族等を規定

※は2002（平成14）年4月施行
※※は2005（平成17）年の公布時より施行

精神保健福祉に関する主な人物と業績

呉秀三	• 『精神病者私宅監置ノ実況及ビ其統計的観察』 • 作業とレクリエーションを用いた移導療法の実施 • 呉皆子（呉秀三夫人）による精神病者慈善救治会の設立
森田正馬	森田療法の創設
加藤普佐次郎	本格的な作業療法の展開
クラーク（Clark, D.）	「日本における地域精神衛生（クラーク勧告）」
ビアーズ（Beers, C.）	『わが魂にあうまで』
チャールズ・ラップ （Rapp, C. A.）	ストレングスモデルの提唱
ビエラ（Bierer, J.） キャメロン（Cameron, D. E.）	デイ・ホスピタルの実施
ジョーンズ（Jones, M.）	治療共同体の提唱
ビル・ウィルソン（Wilson, B.） ボブ・スミス（Smith, B.）	Alcoholics Anonymous（AA）の設立
アンソニー（Anthony, W.）	精神科リハビリテーションの原則の体系化
マクスリー（Moxley, D.）	ケアマネジメントの定義
バザーリア（Basaglia, F.）	イタリアにおける脱施設化の取り組み。のちの180号法（バザーリア法）成立に影響
キャプラン（Caplan, G.）	予防精神医学の提唱
リバーマン（Liberman, R. P.）	我が国へのSSTの紹介
ディーガン（Deegan, P. E.）	リカバリー概念の普及
オヘイガン（O'Hagan, M.）	世界精神医療ユーザーサバイバーネットワーク（WNUSP）の創設
メアリー・エレン・コープランド （Copeland, M. E.）	WRAP（元気回復行動プラン）の開発
中川正俊	疾病管理と再発防止の視点
伊勢田堯	「普通の人」として見る。「一目置く態度」

ポイント ③ 認知行動療法とSST

- 認知行動療法とは、**行動療法**から生まれたもので、①外界から情報を取り入れ、②その情報に対して意味づけをして整理し、③反応を返す、というプロセスを示す「認知」と、それに伴う「行動」の学習を支援し、その改善を図る療法

- 強いストレスにさらされたり、うつ状態になることによって物事のとらえ方に歪みが生じ、たとえば物事を悪い方向ばかりにとらえてしまったりする。その結果、その場に適応した行動がとれなくなったり不安が強まったりと、認知の歪みをより強めてしまうことになる。認知行動療法では、**自動思考**と呼ばれるその場で思い浮かんだ考えについて、現実とのギャップをとらえ、思考のバランスをとっていく

- 認知行動療法の一つに、**社会生活技能訓練**（SST：Social Skills Training）がある。「**ストレスー脆弱性ー対処技能モデル**」に立って行われるもので、社会生活を営むために必要な力に乏しく、社会生活上の困難がある人を対象に、社会生活技能の獲得を促し、社会生活の質の向上を図るために行われる。SSTでは、自分の気持ちをうまく相手に伝えられないなど、日常生活を進めていく上で困難になる問題について、どのように対処すればいいのか、ロールプレイを通して学習、習得していく

SSTの基本モデル

ウォーミングアップ ➡ 問題の設定 ➡ ロールプレイ ➡ 正のフィードバック ➡ 改善点の提示 ➡ モデリング ➡ 再ロールプレイ ➡ 宿題の設定

SST参加のルール

①見学はいつでもどうぞ
②いやなときは「パス」できます
③人のよいところをほめましょう
④よい練習ができるように、ほかの人を助けましょう
⑤質問はいつでもどうぞ
⑥トイレはちょっと断ってから

4 精神保健福祉の理論と相談援助の展開①

1 精神保健医療福祉の歴史と動向

Q500
☑ ☑
1970年代には、精神科ソーシャルワーカーは精神衛生相談員として、市町村の社会福祉担当部局への配置が進んだ。

Q501
☑ ☑
1990年代には、「心神喪失者等医療観察法」が制定され、精神科ソーシャルワーカーが司法福祉の領域に参画するようになった。

Q502
☑ ☑
2000年代には、精神保健福祉士がスクールソーシャルワーカーとして、活用されるようになった。

Q503
☑ ☑
精神病院法が目標とした全道府県での公立精神科病院の建設が達成され、精神衛生法（1950（昭和25）年）が制定された。

Q504
☑ ☑
精神障害者も対策の対象に含めた心身障害者対策基本法（1970（昭和45）年）が制定された。

Q505
☑ ☑
精神衛生法が精神障害者の人権に配慮した適正な医療及び保護を明示した精神保健法（1987（昭和62）年）に改称・改正された。

Q506
☑ ☑
1900（明治33）年、精神病者監護法で認められた私宅監置は、1919（大正8）年の精神病院法制定によって廃止された。

> 🐱 **参考** 法改正の背景を理解する
>
> 精神保健医療福祉の歴史では、重大な社会問題を契機に法改正される傾向がある。単純に年号と法律名を暗記するよりも、法改正前に何が起きたかを理解することで、改正内容も覚えやすくなるだろう。

A500 　✕　精神衛生相談員は［1965（昭和40）］年の精神
衛生法改正で登場し、［保健所］等に配置された。

A501 　✕　精神科ソーシャルワーカーは、［2003（平成
15）］年に「心神喪失者等医療観察法」が制定さ
れたことで（2005（平成17）年に施行）、司法
福祉の領域に参画するようになった。

A502 　○　［2008（平成20）］年にスクールソーシャル
ワーカー活用事業が開始され、精神保健福祉士
もスクールソーシャルワーカーとして配置され
た。

A503 　✕　精神病院法が目標とした全道府県での公立精神
科病院の建設は、財政難等の理由で進まず、［代
用病院］で対応された。また、1950（昭和25）
年に精神衛生法が制定され、［精神病院］の設置
を都道府県に義務づけた。

A504 　✕　心身障害者対策基本法は、［身体］障害者と［知
的］障害者を対象としており、［精神］障害者も
含めた対策は、1993（平成5）年の障害者基本
法成立まで待たなければならなかった。

A505 　○　精神衛生法が精神障害者の人権に配慮した適正
な医療及び保護を明示した［精神保健］法
（1987（昭和62）年）に改称・改正された。同
法では、任意入院、応急入院の創設、入院患者
の人権擁護等について定められた。

A506 　✕　1900（明治33）年、精神病者監護法で認めら
れた私宅監置は、1950（昭和25）年の［精神
衛生］法成立まで続いた。

4

精神保健福祉の理論と相談援助の展開①

Q507
☑ ☑
精神病者監護法では、監護義務者の順位を定めるとともに、精神病者の監置には行政庁の許可が必要とした。

Q508
☑ ☑
1950（昭和25）年、精神衛生法によって、保健所に地域精神衛生業務が位置づけられた。

Q509
☑ ☑
1950（昭和25）年、精神衛生法によって、都道府県に精神衛生センターが設けられた。

Q510
☑ ☑
国連総会で採択された「精神疾患を有する者の保護及びメンタルヘルスケアの改善のための諸原則」（1991年）には、「すべての患者の治療及びケアは、個別的に立案された治療計画に基づいて行われなければならない。」と明記されている。

Q511
☑ ☑
1964（昭和39）年、駐日アメリカ大使が統合失調症患者に刺されるという相馬事件が起きた。

Q512
☑ ☑
1965（昭和40）年、精神衛生法の改正によって、精神衛生鑑定医制度を開始した。

Q513
☑ ☑
国連総会で採択された「精神疾患を有する者の保護及びメンタルヘルスケアの改善のための諸原則」（1991年）では、インフォームドコンセントとは、患者の理解しうる方法と言語によって、十分にかつ患者に理解できるように説明することのみが記されている。

🐱 **参考** 処遇に対する考え方の変遷

精神保健医療福祉では、「隔離収容→医療対象→福祉対象」と精神障害者への処遇が変わってきている。

A507　○　精神病者監護法では、監護義務者の順位を定めるとともに、精神病者の監置には［警察署］を通じて、［地方長官］に願い出ることとなった。監置の監督権限は［行政庁］に置かれた。

A508　✕　保健所に地域精神衛生業務が位置づけられたのは、［1965（昭和40）］年の［精神衛生］法改正のときである。

A509　✕　精神衛生センター（現：精神保健福祉センター）は、［1965（昭和40）］年の［精神衛生］法改正で設置された。

A510　○　［原則9の治療］において、「すべての患者の治療及びケアは、個別的に立案された治療計画に基づいて行われなければならない。その治療計画は患者と検討され、定期的に見直され、必要に応じて変更され、資格のある専門職員によって作成される」とある。

A511　✕　1964（昭和39）年、駐日アメリカ大使が統合失調症患者に刺されるという［ライシャワー］事件が起きた。［相馬］事件は［精神病者監護］法ができる契機となったものである。

A512　✕　精神衛生鑑定医制度は、［1950（昭和25）］年の［精神衛生］法によって創設された。

A513　✕　［原則11の治療への同意］において、「インフォームドコンセントとは、患者の理解しうる方法と言語によって、十分に、かつ、患者に理解できるように伝達した後、［患者の自由意思により、脅迫又は不当な誘導なしに得られた同意］をいう」とある。

Q514
☑ ☑
「札幌宣言」では、精神科ソーシャルワーカーの実践目標として精神障害者の社会的復権を掲げた。

Q515
☑ ☑
1987（昭和62）年、精神保健法によって、精神医療審査会が新設された。

Q516
☑ ☑
1987（昭和62）年、精神保健法において、精神障害者保健福祉手帳制度が創設された。

Q517
☑ ☑
1987（昭和62）年、精神保健法によって任意入院制度を新設した。

Q518
☑ ☑
精神保健福祉法により、障害者就業・生活支援センターが法定化された。

Q519
☑ ☑
「精神保健医療福祉の更なる改革に向けて」では、条件が整えば退院可能とされる72,000人の入院患者について、退院・社会復帰を目指すことが初めて指摘され、総合的な取り組みが求められている。

Q520
☑ ☑
「精神保健医療福祉の更なる改革に向けて」では、相談支援体制やケアマネジメントにおける医療・福祉の連携等、地域生活支援体制を充実・強化することが求められている。

Q521
☑ ☑
1940年代、イギリスの医師ジョーンズは、治療共同体という新しい治療理念を取り入れ、その後の精神病院改革に大きな影響を与えた。

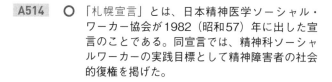

A514 ○ 「札幌宣言」とは、日本精神医学ソーシャル・ワーカー協会が1982（昭和57）年に出した宣言のことである。同宣言では、精神科ソーシャルワーカーの実践目標として精神障害者の社会的復権を掲げた。

A515 ○ ［1987（昭和62）］年の精神保健法により、［精神保健指定医］制度、［任意入院］制度等とともに［精神医療審査会］が新設された。

A516 ✕ 精神障害者保健福祉手帳制度は、［1995（平成7)］年の［精神保健福祉］法成立の際に創設された制度である。

A517 ○ 任意入院制度は、［1987（昭和62)］年の［精神保健］法によって新設された。

A518 ✕ 障害者就業・生活支援センターは、「［障害者雇用促進］法」に基づく施設である。

A519 ✕ 72,000人の入院患者について、退院・社会復帰を目指すことが初めて指摘されたのは、［精神保健医療福祉の改革ビジョン］（2004（平成16)年）である。

A520 ○ 「精神保健医療福祉の更なる改革に向けて」（2009（平成21）年）には、相談支援体制やケアマネジメントにおける医療・福祉の［連携］等、［地域生活支援体制］の充実・強化のほか、［精神保健医療体系の再構築］、精神医療の質の向上、普及・啓発の重点的実施等が盛り込まれている。

A521 ○ 1940年代、イギリスの医師［ジョーンズ］は、［治療共同体］という新しい治療理念を取り入れ、その後の精神病院改革に大きな影響を与えた。

4 精神保健福祉の理論と相談援助の展開 ①

Q522 イラク戦争後のアメリカではクラブハウスモデルとしてファウンテンハウスが設立された。

Q523 1960年代、イギリスのウィングは、「施設症」（二次障害）を発見した。これをもとに各地でデイケアが開始された。

Q524 1963年、アメリカではケネディ大統領教書により脱施設化が打ち出され、大規模州立精神科病院が閉鎖された。それに伴って「回転ドア現象」が生じた。

Q525 1980年代、アメリカのリバーマンは、「ストレスー脆弱性一対処技能モデル」を提出した。これによりハーフウェイハウスが各地に設けられた。

Q526 1984（昭和59）年の宇都宮病院事件を契機に、精神保健法の一部改正が行われた。

Q527 包括型地域生活支援プログラム（ACT）は、主に重度の精神障害者を対象に、24時間365日体制でサービスを提供する個別的なアウトリーチである。

Q528 包括型地域生活支援プログラム（ACT）の標準モデルとして、利用開始時に期限を決めて、短期間で支援を終結する。

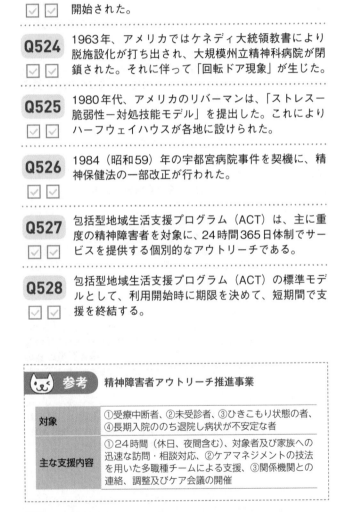

参考 精神障害者アウトリーチ推進事業

対象	①受療中断者、②未受診者、③ひきこもり状態の者、④長期入院ののち退院し病状が不安定な者
主な支援内容	①24時間（休日、夜間含む）、対象者及び家族への迅速な訪問・相談対応、②ケアマネジメントの技法を用いた多職種チームによる支援、③関係機関との連絡、調整及びケア会議の開催

A522 　✕ ［第二次世界大戦］後のアメリカではクラブハウスモデルとしてファウンテンハウスが設立された。

A523 　✕ デイケアは、［1940］年代にイギリスの［ビエラ］とカナダの［キャメロン］がそれぞれ独自に始めたものがもととなっている。その後、［ウィング］らが行った長期入院患者に対する調査によって、社会的環境が自立生活に悪影響を与えるということ（施設症）が明らかにされている。

A524 　〇 1963年、アメリカでは［ケネディ］大統領教書により［脱施設化］が打ち出され、大規模州立精神科病院が閉鎖された。それに伴って、短期間で入退院を繰り返す［回転ドア現象］が生じた。

A525 　✕ ハーフウェイハウスは、社会復帰していく上での［中間施設］のことを指す。またアメリカの［リバーマン］は、［1970］年代に「ストレスー脆弱性ー対処技能モデル」を提出し、［社会生活技能訓練（SST）］を開発した。

A526 　✕ 1984（昭和59）年の［宇都宮病院］事件を契機に、1987（昭和62）年、［精神衛生］法を改正し［精神保健］法が成立した。

A527 　〇 包括型地域生活支援プログラム（ACT）は、［24時間365日体制］でサービスを提供する積極的なケアマネジメントの方法であり、［超職種チームによる訪問支援］である。

A528 　✕ 包括型地域生活支援プログラム（ACT）の標準モデルとして、利用開始時に［クライエントと相談］しながら、［次の支援に繋がる］まで支援を行う。

Q529 バザーリアらによるボローニャでの脱施設化を進める精神医療改革は、法律180号の制定（1978年）によってイタリア全土に広がりを見せた。
☑ ☑

Q530 韓国では、1995年に精神保健法が制定され、精神病院・精神療養所が増加した。
☑ ☑

Q531 イタリアでは、ケアプログラムアプローチ（CPA）により、精神障害者への医療サービスと福祉サービスを計画している。
☑ ☑

Q532 カナダでは、政府が発表した『闇からの脱出』の中で、精神障害者を中心に位置づけたリカバリーシステムを目指すこととした。
☑ ☑

Q533 韓国の精神保健医療福祉領域において資格化されている人材は、社会工作師である。
☑ ☑

Q534 アメリカの精神保健医療福祉領域において資格化されている人材は、認定ソーシャルワーカーである。
☑ ☑

Q535 イギリスの精神保健医療福祉領域において資格化されている人材は、認定ピアスペシャリストである。
☑ ☑

Q536 中国の精神保健医療福祉領域において資格化されている人材は、精神保健専門要員である。
☑ ☑

Q537 ブループリントは、ニュージーランドのメンタルヘルスサービス計画のことである。
☑ ☑

A529　✕　バザーリアらによる［トリエステ］での脱施設
　　　　　化を進める精神医療改革は、法律180号（バ
　　　　　ザーリア法）の制定（1978年）によってイタリ
　　　　　ア全土に広がりを見せた。

A530　✕　韓国では、精神保健法により、精神障害者を施
　　　　　設に収容する政策から［地域］での治療とリハ
　　　　　ビリテーションを重視する方向へと転換した。

A531　✕　［イギリス］では、ケアプログラムアプローチ
　　　　　（CPA）により、特に精神障害を抱える高齢者へ
　　　　　の医療サービスと福祉サービスを計画してい
　　　　　る。

A532　○　［カナダ］では、政府が発表した『闇からの脱出』
　　　　　の中で、精神障害者を中心に位置づけたリカバ
　　　　　リーシステムを目指すこととした。

A533　✕　社会工作師は［中国］の精神保健医療福祉領域
　　　　　における資格である。

A534　○　精神保健医療福祉領域において認定ソーシャル
　　　　　ワーカーが資格化されている国は［アメリカ］
　　　　　である。

A535　✕　認定ピアスペシャリストを精神保健医療福祉領
　　　　　域において資格化している国は［アメリカ］や
　　　　　［カナダ］である。

A536　✕　精神保健専門要員は［韓国］の精神保健医療福
　　　　　祉領域における資格である。

A537　○　ニュージーランドの［ブループリント］では、メ
　　　　　ンタルヘルスサービス提供における回復アプ
　　　　　ローチに重点を置く。

4

精神保健福祉の理論と相談援助の展開①

Q538 ビアーズは、WRAP（元気回復行動プラン）を開発した。

☑ ☑

Q539 オヘイガンは、ニュージーランドで初めてのセルフヘルプグループを作った。

☑ ☑

Q540 イギリスでは、「精神保健に関するナショナル・サービス・フレームワーク」により、積極的アウトリーチや家族ケアラー支援等の充実を図った。

☑ ☑

Q541 ニュージーランドでは、「セクター制度」により、一定の人口規模ごとに、精神科病床、施設を配置し、治療と生活支援を一体的に実施した。

☑ ☑

Q542 アメリカでは、精神保健サービス計画「ブループリント」を策定し、リカバリー概念をサービスの基盤とすることを明示した。

☑ ☑

Q543 イタリアでは、「精神疾患及び知的障害に関する大統領教書」により、精神科病院を解体し、地域精神保健センターを整備した。

☑ ☑

Q544 フランスでは、「法律第180号」により、精神科病院への新たな入院を禁止し、地域ケアと外来医療中心に転換した。

☑ ☑

2 精神障害者に対する支援の考え方と知識

Q545 スウェーデンでは、ニィリエの尽力によって、「知的障害者ができるだけノーマルな生活が送れるようにする」とした「1959年法」が成立した。

☑ ☑

A538　✕　WRAP（元気回復行動プラン）は［コープランド］によって開発されたものである。ビアーズは『わが魂にあうまで』の著者として有名である。

A539　○　オヘイガンは、1991年に発足した［世界精神医療ユーザーサバイバーネットワーク］（WNUSP）の初代会長でもある。

A540　○　イギリスでは、1999年に「精神保健に関するナショナル・サービス・フレームワーク」という［精神保健に関する10年計画］が発表され、7つの基準が示されている。

A541　✕　［フランス］では、「セクター制度」により、一定の人口規模ごとに、精神科病床、施設を配置し、治療と生活支援を一体的に実施した。

A542　✕　［ニュージーランド］では、精神保健サービス計画「ブループリント」を策定し、リカバリー概念をサービスの基盤とすることを明示した。

A543　✕　［アメリカ］では、「精神疾患及び知的障害に関する大統領教書」により、精神科病院を解体し、地域精神保健センターを整備した。

A544　✕　［イタリア］では、「法律第180号」により、精神科病院への新たな入院を禁止し、地域ケアと外来医療中心に転換した。

A545　✕　「知的障害者ができるだけノーマルな生活が送れるようにする」とした1959年法は、デンマークの［バンク・ミケルセン］の尽力によって成立した。［ニィリエ］はノーマライゼーションの8つの原則を述べている。

4 精神保健福祉の理論と相談援助の展開①

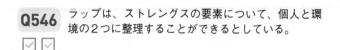

Q546
☑ ☑
ラップは、ストレングスの要素について、個人と環境の2つに整理することができるとしている。

Q547
☑ ☑
ディーガンは、リカバリーとは病気になる前の状態に戻ることと述べている。

Q548
☑ ☑
精神保健福祉法における精神障害者の定義では、精神障害者保健福祉手帳の交付を受けた者としている。

Q549
☑ ☑
1966年、国連総会で採択された「国際人権規約」は、市民的及び政治的権利に関するA規約と、経済的、社会的及び文化的権利に関するB規約からなっている。

Q550
☑ ☑
1975年、国連総会において「障害者の権利宣言」が採択され、障害者は障害の原因、特質及び程度にかかわらず、同年齢の市民と同等の基本的権利を持つものとした。

Q551
☑ ☑
1982年、国連総会において「障害者に関する世界行動計画」を決議し、1983年から1992年までを「国連・障害者の10年」とした。その後、継続的な取り組みが必要として5年間に限定して延長された。

🐱 **参考** 精神障害者支援の理念の理解

国家試験問題では、類似した用語を正しく理解しているかが問われる。例えば、「ノーマライゼーション」「セグレケーション」「インテグレーション」「インクルージョン」や、「ストレングス」「エンパワメント」「レジリエンス」「リカバリー」などの概念と具体例を整理しておくと理解が深まる。

A546　○　ラップは、ストレングスの要素について、願望、能力、自信などからくる[個人]のストレングスと、資源、社会関係、機会などの[環境]のストレングスの2つに整理できるとしている。

A547　✕　ディーガンは、自分の経験に基づき、「リカバリーとは障害の困難を受け入れ、克服するような個人の生、または本物の人生の経験に関係していること」だと述べ、自分たちが求めるものは病気からの回復ではなく、人々の偏見、自己決定の欠如、壊された夢からのリカバリー（回復）であるとした。

A548　✕　精神保健福祉法上の精神障害者の定義では、精神障害者保健福祉手帳の交付の[有無は述べていない]。

A549　✕　1966年、国連総会で採択された「国際人権規約」は、[経済的、社会的及び文化的権利]に関するA規約と、[市民的及び政治的権利（自由権）]に関するB規約からなっている。

A550　○　1975年、国連総会において「障害者の権利宣言」が採択され、障害者は障害の原因、特質及び程度にかかわらず、同年齢の市民と同等の[基本的権利]を持つものとした。

A551　✕　1982年、国連総会において「障害者に関する世界行動計画」を決議し、1983年から1992年までを「国連・障害者の10年」としたが、延長は[されていない]。ただし、それに続く取り組みとして、アジア太平洋地域における障害者への認識を高め、域内障害者施策の質の向上を目指すために「アジア太平洋障害者の10年（1993-2002）」が採択された。

4

精神保健福祉の理論と相談援助の展開①

Q552

☑ ☑ 1991年、国連総会で採択された「精神疾患を有する者の保護及びメンタルヘルスケアの改善のための諸原則」では、すべての精神病者は可能な限り地域において生活し、働く権利を持つとした。

Q553

☑ ☑ 「精神疾患を有する者の保護及びメンタルヘルスケアの改善のための諸原則」では、精神疾患を有する者、または精神疾患を有する者として治療を受けている特定の者は、人道的かつ人間固有の尊厳を尊重して処遇されるとされている。

Q554

☑ ☑ 「精神疾患を有する者の保護及びメンタルヘルスケアの改善のための諸原則」では、すべての者は、保健と社会ケアシステムの一部である、ある程度有効性があると認められる個別の状況に応じたメンタルヘルスケアを受ける権利を持つとされている。

Q555

☑ ☑ 「精神疾患を有する者の保護及びメンタルヘルスケアの改善のための諸原則」では、すべての患者は、自らの経済的背景に適した治療を受ける権利を持つとされている。

Q556

☑ ☑ 2006年、国連総会で採択された「障害者の権利条約」では、すべての障害者によるあらゆる人権及び基本的自由の完全かつ平等な享有を促進し、保護し、及び確保すること並びに障害者の固有の尊厳の尊重を促進するとした。

Q557

☑ ☑ ソーシャルインクルージョンの理念に基づいた精神保健福祉士の活動において、障害福祉サービスの利用相談では、病状の改善を前提とする。

A552 ○ 1991年、国連総会で採択された「精神疾患を有する者の保護及びメンタルヘルスケアの改善のための諸原則」原則3では、すべての精神病者は可能な限り地域において生活し、[働く権利]を持つとした。

A553 ✕ 「精神疾患を有する者の保護及びメンタルヘルスケアの改善のための諸原則」原則1－2によれば、精神疾患を有する者、または精神疾患を有する者として治療を受けている[すべて]の者は、人道的かつ人間固有の尊厳を尊重して処遇されるとされている。

A554 ✕ 「精神疾患を有する者の保護及びメンタルヘルスケアの改善のための諸原則」原則1－1によれば、すべての者は、保健と社会ケアシステムの一部である、[最善な]メンタルヘルスケアを受ける権利を持つとされている。

A555 ✕ 「精神疾患を有する者の保護及びメンタルヘルスケアの改善のための諸原則」原則7－3によれば、すべての患者は、自らの[文化的]背景に適した治療を受ける権利を持つとされている。

A556 ○ 2006年、国連総会で採択された「障害者の権利条約」では、すべての障害者によるあらゆる[人権]及び[基本的自由]の完全かつ平等な享有を促進し、保護し、及び確保すること並びに障害者の固有の[尊厳]の尊重を促進するとした。

A557 ✕ 障害者サービスの利用相談は、病状の改善を前提とするものではなく、[障害程度や勘案すべき事項（社会活動や介護者、居住等の状況）]を踏まえ、[個別に]支給決定が行われる。

Q558 ソーシャルインクルージョンとは、社会的に排除され、孤立を深めている人々を、社会の構成員として包み込み、共に生きる社会を目指す理念である。

Q559 ソーシャルジャスティスとは、差別、貧困、抑圧などの無い、自由、平等、共生に基づく社会正義の実現を目指すと規定されている。

Q560 ソーシャルイクオリティとは、誰にとっても平等な機会が与えられる社会を実現しようとする理念である。

Q561 ソーシャル・コンストラクショニズムとは、現実の事象は、客観的もしくは物理的に存在しているのではなく、人々の認識によって社会的に形成されるという理論的立場である。

Q562 ソーシャルロール・バロリゼーションは、ノーマライゼーションの理念をアメリカに導入したバンクミケルセンによって提唱された。

Q563 ノーマライゼーションとは、社会的に不利な状況に置かれた人が、自己決定能力を高め主体的に行動できるようになることである。

3 精神科リハビリテーションの概念と構成

Q564 精神科リハビリテーションでは、機能の向上だけではなく、自信を取り戻すことを助ける。

Q565 リカバリーとは、障害や疾病に焦点化し、原因を解明し、元に戻ることを意味している。

A558 　O　[ソーシャルインクルージョン] は、社会的に排除され、孤立を深めている人々を、社会の構成員として包み込み、共に生きる社会を目指す理念であり、[社会的包摂] と訳される。

A559 　O　[ソーシャルジャスティス] は、差別、貧困、抑圧などのない、自由、平等、共生に基づく社会正義の実現を目指すと規定されており、[社会正義] と訳される。

A560 　O　[ソーシャルイクオリティ] は、誰にとっても平等な機会が与えられる社会を実現しようとする理念であり、[社会的な平等] と訳される。

A561 　O　[ソーシャル・コンストラクショニズム] は、現実の事象は、客観的もしくは物理的に存在しているのではなく、人々の認識によって社会的に形成されるという理論的立場であり、[社会構成主義] と訳される。

A562 　✗　ソーシャルロール・バロリゼーションは、[ヴォルフェンスベルガー] によって提唱された。

A563 　✗　[エンパワメント] とは、社会的に不利な状況に置かれた人が、自己決定能力を高め主体的に行動できるようになることである。

A564 　O　精神科リハビリテーションでは、機能の向上だけではなく、[自信] を取り戻すことを助ける。

A565 　✗　リカバリーでは、[障害はあくまで本人の一部] と捉え、夢や希望、楽しみ、社会的なつながりに焦点をあてる。

Q566
☑ ☑
アンソニーは「精神科リハビリテーションの原則」において、リハビリテーションの焦点は、精神障害を抱えた人を一般就労できるよう支援することであるとしている。

Q567
☑ ☑
アンソニーは「精神科リハビリテーションの原則」において、当事者の自立のためには、スタッフやサービスに対するいかなる依存も妨げになるとしている。

Q568
☑ ☑
精神科リハビリテーションでは、疾病管理と再発予防の視点を持つ。

Q569
☑ ☑
アンソニーらの提唱した精神科リハビリテーションの基本原則では、生活能力の向上よりも症状の軽減を優先する。

Q570
☑ ☑
長期の薬物療法は、リハビリテーション介入の要素として必要条件となることが多い。

Q571
☑ ☑
精神科リハビリテーションは、入院患者の退院促進を目的とする精神医学の治療技法に位置づけられる。

Q572
☑ ☑
精神科リハビリテーションの長期目標は、具体的で現実的なものを選別して設定する。

Q573
☑ ☑
精神科リハビリテーション計画には、障害の理解に向けた周囲への働きかけも含まれる。

Q574
☑ ☑
精神科リハビリテーションにおける資源評価には、本人の問題解決技能の評価も盛り込む。

A566 ✕ アンソニーは「精神科リハビリテーションの原
則」において、リハビリテーションの焦点は、精
神障害を抱えた人の［職業上の予後］を改善す
ることであるとしている。

A567 ✕ アンソニーは「精神科リハビリテーションの原
則」において、当事者の自立のためには、熟慮
した上で当事者の依存を［増やす］ことが、究
極的には［自立］につながることがあるとして
いる。

A568 〇 精神障害は疾病と障害が併存しており、精神科
リハビリテーションでは、［疾病管理］と［再発
予防］の視点を持つことが重要である。

A569 ✕ アンソニーらの提唱した精神科リハビリテー
ションの基本原則では、症状の軽減よりも、［生
活能力の向上］が優先される。

A570 〇 長期の［薬物］療法は、リハビリテーション介
入の要素として［必要］条件となることが多い。
ただし、［十分］条件ではないとしている。

A571 ✕ 精神科リハビリテーションの理念は、精神障害
者の症状をできるだけコントロールし、［能力障
害］を可能な限り少なくし、可能な限り適応的
な［社会生活］を営めるようにすることといえ
る。

A572 ✕ 精神科リハビリテーションにおいて、具体的で現
実的なものを設定するのは［短期目標］である。

A573 〇 設問の通り。精神科リハビリテーションの実施
において、［周囲の理解］は重要である。

A574 ✕ 精神科リハビリテーションにおける資源評価
は、当事者が利用できる［資源］の状況を見る
ものであり、本人の問題解決技能の評価は含ま
れない。

Q575

☑ ☑

アンソニーらの提唱した精神科リハビリテーションの基本原則では、熟慮した上で依存を増やすことは結果的には本人の自立につながる。

. . . .

Q576

☑ ☑

精神科リハビリテーションにおける評価・訓練の目標は、日常生活動作（ADL）の改善である。

. . . .

Q577

☑ ☑

精神科リハビリテーションの2大介入とは、当事者の技能開発と環境的支援開発である。

. . . .

Q578

☑ ☑

精神科リハビリテーションは、急性期の症状が消失し、落ち着いた状態が続いていることを確認してから開始する。

. . . .

Q579

☑ ☑

国際生活機能分類（ICF）の特徴は、①心身機能と構造、活動、参加という用語の採用、②背景因子として環境因子、個人因子の採用、③一方向的な関係概念として図示されたことにある。

. . . .

Q580

☑ ☑

先進的リハビリテーション活動（ベスト・プラクティス）の選考基準の一つとして、軽度の精神障害のある人たちを対象にしている活動であることが求められる。

. . . .

Q581

☑ ☑

精神科リハビリテーションにアセスメントを必要とする理由の一つとして、「存在する精神的および身体的障害の種類を決定し、その予後を予測するため」がある。

. . . .

Q582

☑ ☑

精神科リハビリテーションにアセスメントを必要とする理由の一つとして、「発達させ得る潜在的な能力を発見するため」がある。

. . . .

Q583

☑ ☑

精神科リハビリテーションにアセスメントを必要とする理由の一つとして、「主治医との合意の上で短期および長期の目標を定め、それらを達成し得るリハビリテーション計画を立案するため」がある。

A575 ○ アンソニーらの提唱した精神科リハビリテーションの基本原則では、[アディクション]ではない依存は、本人の自立につながる。

A576 ✕ 精神科リハビリテーションにおける評価・訓練の目標は、精神障害者の[社会的復権]にある。

A577 ○ [アンソニー]によれば、精神科リハビリテーションの2大介入とは、[当事者の技能]開発と[環境的支援]開発である。

A578 ✕ 精神科リハビリテーションは、必ずしも急性期症状が消失した後に行うわけではない。たとえば亜急性期に行われる[早期作業療法]などがある。

A579 ✕ 国際生活機能分類(ICF)の特徴は、①心身機能と構造、[活動]、[参加]という用語の採用、②背景因子として[環境]因子、[個人]因子の採用、③[双方向]的な関係概念として図示されたことにある。

A580 ✕ 先進的リハビリテーション活動(ベスト・プラクティス)の選考基準の一つとして、[重度]の精神障害のある人たちを対象としている活動であることが求められる。

A581 ✕ 精神科リハビリテーションのアセスメントでは、予後を予測することではなく、[現在の状況]を知ることが重要である。

A582 ○ 精神科リハビリテーションのアセスメントは、発達させ得る[潜在的な能力]を発見するために必要であるとされている。

A583 ✕ 精神科リハビリテーションのアセスメントは、[患者]との合意の上で[短期及び長期]の目標を定め、それらを達成し得るリハビリテーション計画を立案するために必要である。

4
精神保健福祉の理論と相談援助の展開①

Q584
☑ ☑
精神科リハビリテーションにアセスメントを必要とする理由の一つとして、「リハビリテーション計画を基に、適切なサービスを行う専門職種を決めるため」がある。

Q585
☑ ☑
精神科リハビリテーションにアセスメントを必要とする理由の一つとして、「進歩を定期的にモニターして、リハビリテーション計画を必要に応じて中止するため」がある。

Q586
☑ ☑
居宅介護は、自立支援給付に位置づけられるサービスであり、施設で身体介護や家事援助などを行う。

Q587
☑ ☑
行動援護の利用対象は、視覚障害又は発達障害である。

Q588
☑ ☑
精神科リハビリテーションにおけるチームアプローチでは、それぞれの視点でモニタリングを行い、その結果を共有する。

Q589
☑ ☑
精神科リハビリテーションにおけるチームアプローチでは、意見が対立した場合は、外部の専門家に決定を委ねる。

Q590
☑ ☑
精神科リハビリテーションにおける地域ネットワーク形成の目的は、地域にある関係機関の指揮系統を明確にすることである。

Q591
☑ ☑
精神科リハビリテーションにおける地域ネットワーク形成の目的は、各機関による利用者への援助内容を同じにすることである。

Q592
☑ ☑
精神科リハビリテーションにおける地域ネットワーク形成の目的は、再発を防止するために、構成員が自由に利用者の治療内容を共有することである。

A584 ✕ 精神科リハビリテーションのアセスメントは、リハビリテーション計画を基に、適切な［専門的な援助］と［サービスの場所］を決めるために必要である。

A585 ✕ 精神科リハビリテーションにおいて、進歩を定期的にモニタリングすることは、リハビリテーション計画の［修正］を適宜行えるようにするためである。

A586 ✕ 居宅介護は、自立支援給付に位置づけられるサービスであり、［自宅］で身体介護や家事援助などを行う。

A587 ✕ 行動援護の利用対象は、［知的］障害又は［精神］障害である。

A588 ◯ 精神科リハビリテーションにおけるチームアプローチでは、それぞれの［視点］でモニタリングを行い、その結果を共有する。

A589 ✕ 精神科リハビリテーションにおけるチームアプローチでは、意見が対立した場合は、チーム内で［意見の検討］を行う。

A590 ✕ 精神科リハビリテーションにおける地域ネットワーク形成では、地域にある関係機関の指揮系統の明確化よりも、［結び付けるための働きかけ］を重視すべきである。

A591 ✕ 精神科リハビリテーションにおける地域ネットワーク形成の目的は、各機関で［支援目標を共有しつつ、様々な内容や方法で］利用者への支援を行うことである。

A592 ✕ 再発を防止するために、構成員が支援目標などを共有しながらかかわる際には、［あくまでも利用者の同意］が必要となる。

Q593

☑ ☑

精神科リハビリテーションにおける地域ネットワーク形成の目的は、精神障害当事者がサービス提供者となる道筋をつくることである。

4 精神科リハビリテーションのプロセス

Q594

☑ ☑

GAFは、精神症状を含めた社会生活の全体機能を評価する。

Q595

☑ ☑

BPRSは、精神疾患患者の症状評価について、心気的訴えや不安など18項目を用いて行う尺度である。

Q596

☑ ☑

WHODAS2.0は、うつ病の24症状について評価し、うつ病の症状プロフィールと総合的重症度を示す尺度である。

Q597

☑ ☑

HRSDは、生活の6つの領域における生活機能のレベルを把握する尺度である。

Q598

☑ ☑

DIEPSSは、統合失調症の陽性症状、陰性症状と総合精神病理について評価し、その人の社会機能の状態を示す尺度である。

Q599

☑ ☑

WHO/QOL-26は、日常生活、対人関係、労働または課題の遂行、持続性・安定性、自己認識の5つの下位尺度の各項目について5段階でレーダーチャート化し、評価する。

Q600

☑ ☑

REHABは、失禁、暴力、自傷など7項目の逸脱行動と、活動性、言葉の量、言葉の意味など16項目について、アナログスケールでマークして評価する。

A593 ○ 精神障害当事者が [サービス提供者] となる道
筋をつくることは、よりその人らしい生活を
送っていく上で大切な働きかけである。

A594 ○ [GAF] は、精神症状を含めた社会生活の全体機
能について、0点～100点で評価する。

A595 ○ [BPRS (簡易精神症状評価尺度)] は、精神疾患
患者の症状評価について、心気的訴えや不安な
ど18項目、7段階で行う尺度である。

A596 ✕ うつ病の24症状について評価し、うつ病の症状
プロフィールと総合的重症度を示す尺度は、
[HRSD (ハミルトンうつ病評価尺度)] である。

A597 ✕ 生活の6つの領域における生活機能のレベルを
把握する尺度は [WHODAS2.0] である。

A598 ✕ [DIEPSS] は抗精神病薬を服用中の精神科患者
に見られる [錐体外路症状] を評価する目的で作
成された尺度である。統合失調症の陽性症状、陰
性症状と総合精神病理について評価し、その人の
社会機能の状態を示す尺度は [PANSS] である。

A599 ✕ 日常生活、対人関係、労働または課題の遂行、持
続性・安定性、自己認識の5つの下位尺度の各
項目について5段階でレーダーチャート化し、
評価するのは、[LASMI] である。

A600 ○ [REHAB (精神科リハビリテーション行動評価尺
度)] は、失禁、暴力、自傷など7項目の逸脱行
動と、活動性、言葉の量、言葉の意味など16項
目について、アナログスケールでマークして評価
する。これはベーカーとホールによって [退院可
能性] を評価する尺度として開発された。

Q601
☑ ☑
LASMI は統合失調症の症状に関して、陽性症状（7項目）、陰性症状（7項目）、総合精神病理（16項目）を、過去1週間について7段階で評価する。

Q602
☑ ☑
SANS は WHO（世界保健機関）によって開発され、身体的領域、心理的領域、社会的関係、環境の4領域などを問う全26項目を5段階で評価する。

Q603
☑ ☑
リハビリテーション診断では、自身のリハビリテーションの総合目標を定めて、その目標達成のために何をし、何を持つべきかを明らかにする手助けを行う。

Q604
☑ ☑
リハビリテーション計画では、本人にとって優先順位の高い技能、資源の開発目標が定められ、それぞれに対してどのように介入するのか検討を行う。

Q605
☑ ☑
就職を希望するクライエントのリハビリテーション計画において、自宅から通える就労移行支援事業所を利用できるように援助することは、資源開発である。

Q606
☑ ☑
主なリハビリテーション介入には技能開発と資源開発があり、当事者の技能や支援の活用の改善を目指す。

Q607
☑ ☑
リハビリテーション介入の資源開発における資源調整とは、当事者が必要としている形では機能していない資源を修正することである。

> 🐱 **参考** 精神科リハビリテーションの理念
>
> 国際生活機能分類に基づいた精神科リハビリテーションの理念とは、精神障害者の症状をできるだけコントロールして、能力障害を可能な限り少なく、可能な限り適応的な社会生活を営めるようにすることである。

A601　✕　統合失調症の症状に関して、陽性症状（7項目）、陰性症状（7項目）、[総合精神病理]（16項目）を、過去1週間について7段階で評価するのは、[PANSS]である。

A602　✕　WHOによって開発され、身体的領域、心理的領域、社会的関係、環境の4領域などを問う全26項目を5段階で評価するのは、[WHO/QOL-26]である。[SANS]は、陰性症状評価尺度である。

A603　◯　[アンソニー]は、リハビリテーションには[診断]、[計画]、[介入]の3段階のプロセスがあると述べている。リハビリテーション診断では、自身のリハビリテーションの[総合目標]を定めて、その目標達成のために何をし、何を持つべきかを明らかにする手助けを行う。

A604　◯　リハビリテーション計画では、本人にとって優先順位の高い[技能]、資源の[開発]目標が定められ、それぞれに対してどのように介入するのか検討を行う。

A605　✕　リハビリテーション計画において、既存の施設を利用できるように援助することを[資源調整]といい、新たに資源を作り出すことを[資源開発]という。

A606　◯　主なリハビリテーション介入には[技能開発]と[資源開発]があり、当事者の技能や支援の活用の改善を目指す。

A607　✕　リハビリテーション介入の資源開発における[資源修正]とは、当事者が必要としている形では機能していない資源を修正することである。また、[資源調整]とは、既存の資源を当事者と結び付けることである。

Q608
☑ ☑ 精神科リハビリテーションの評価には、アセスメントとモニタリング、エバリュエーションの3つがある。

5 精神科リハビリテーションサービス

Q609
☑ ☑ リスクマネジメントとは、クライエントの安心・安全を守るために法令を遵守したり、本人の尊厳を保障する支援体制のことである。

Q610
☑ ☑ アカウンタビリティとは、クライエントや家族・地域住民などの関係者に活動内容や根拠、結果の説明を行う責務のことである。

Q611
☑ ☑ IMR（Illness Management and Recovery）は、支援者が症状を管理することである。

Q612
☑ ☑ IPS（Individual Placement and Support）は、本人の希望に基づいて、雇用を目標に支援することである。

Q613
☑ ☑ 職業評価を受けることを希望している者に紹介する支援機関で適切なのは、地域障害者職業センターである。

🐱 **参考** サービス利用を理解する際のポイント

サービス利用に関しては、以下を整理しておくと試験対策として有効である。

- サービスの根拠法
- サービス提供機関
- サービス提供者
- サービス利用期間
- サービス利用料

A608　O　精神科リハビリテーションの評価には、[アセスメント]（事前評価）、[モニタリング]（中間評価）、[エバリュエーション]（事後評価）の3つがある。

A609　×　リスクマネジメントとは、リスク自体やリスクが及ぼす影響を正確に把握し、組織的に管理することによって、[危機の回避や低減を図るプロセス] である。

A610　O　[アカウンタビリティ] とは、クライエントや家族・地域住民などの関係者に活動内容や根拠、結果の説明を行う責務のことであり、ソーシャルワーク実践における [説明責任] と訳される。

A611　×　IMR（Illness Management and Recovery）は、[利用者自身] が治療などを上手に活用することによって病気の [自己管理] ができ、主体的にリカバリーについて考えられるようになることである。

A612　O　IPS（Individual Placement and Support） は、1990年代前半にアメリカで [就労支援モデル] として開発されたもので、ケアマネジメントの手法を用いて実践される。

A613　O　職業評価を受けることを希望している者に紹介する支援機関で適切なのは、[地域障害者職業センター] である。ここは公共職業安定所と連携しながら、職業相談から就職支援・職場適応まで一貫した職業リハビリテーションを行う。

Q614 ☑ ☑ 創作活動や生産活動などを通して日常生活支援及び社会との交流を求めている者に紹介する支援機関で適切なのは、就労移行支援事業所である。

Q615 ☑ ☑ 精神障害者自立支援カリキュラムの受講を希望している者に紹介する支援機関で適切なのは、障害者職業能力開発校である。

Q616 ☑ ☑ 継続的に就労が可能なものの、就労移行支援事業を利用しても企業等の雇用に結び付かなかった者に紹介するのが適切なのは、地域活動支援センターⅢ型である。

Q617 ☑ ☑ 一般就労を目指して、事業所内での作業や就労後の職場定着支援を求めている者に紹介する支援機関で適切なのは、就労継続支援A型事業所である。

Q618 ☑ ☑ 厚生労働省編一般職業適性検査は、時間制限法による1桁の数字の加算を繰り返させ、作業の習熟度・疲労度・回復度等を評価するものである。

Q619 ☑ ☑ VPI職業興味検査は、職業に対する態度としての興味と職務遂行の自信度の39項目を評価するものである。

Q620 ☑ ☑ 職業レディネス・テストは、160の職業名についての興味や関心の有無を回答するようになっている。

🐱 **参考** 職業レディネス・テスト

このテストは、ホランド理論に基づく6つの興味領域（現実的、研究的、芸術的、社会的、企業的、慣習的）に対する興味の程度と自信度、また基礎的志向性（対情報、対人、対物）について測定する。

A614 ✕ 創作活動や生産活動などを通して日常生活支援及び社会との交流を求めている者に紹介する支援機関で適切なのは、[地域活動支援センター]である。

A615 ✕ 精神障害者自立支援カリキュラムの受講を希望している者に紹介する支援機関で適切なのは、[地域障害者職業センター]である。

A616 ✕ 就労移行支援事業を利用して企業等の雇用に結び付かなかった場合に紹介するのが適切なのは、[就労継続支援A型]事業所である。

A617 ✕ 一般就労を目指して、事業所内での作業や就労後の職場定着支援を求めている者に紹介する支援機関で適切なのは、[就労移行支援事業所]である。

A618 ✕ [内田クレペリン検査]は、時間制限法による1桁の数字の加算を繰り返させ、作業の習熟度・疲労度・回復度等を評価するものである。

A619 ✕ [職業レディネス・テスト]は、職業に対する態度としての興味と職務遂行の自信度の39項目を評価するものである。

A620 ✕ [VPI職業興味検査]は、160の職業名についての興味や関心の有無を回答するようになっている。この検査は、6つの興味領域(現実的、研究的、芸術的、社会的、企業的、慣習的)に対する興味の程度と5つの傾向尺度(自己統制、男性ー女性、地位志向、稀有反応、黙従反応)がプロフィールで表示される。

4

精神保健福祉の理論と相談援助の展開①

Q621 場面設定法は、実際の職場そのものを評価場面として利用し、作業遂行時の行動特性を観察して評価するものである。

Q622 ワークサンプル法は、実際の職場を構成する様々な環境条件を模擬的に再現して、その中での行動特性を評価するものである。

Q623 ワークパーソナリティ障害評価表は、役割の認知と受容、対人関係、指導・指示への反応、作業遂行能力の4つの概念から構成した15項目を評価するものである。

Q624 公共職業安定所は、就職を希望する障害者の求職登録を行い、専門職員及び職業相談員がケースワーク方式により、きめ細かな職業相談から職場定着指導まで行う。

Q625 地域障害者職業センターは、障害者のリハビリテーションに関する研究、支援技法の開発、専門的な人材の育成を行う。

Q626 障害者就業・生活支援センターは、障害者に対する職業評価、職業指導、職業準備訓練及び職場適応援助や事業主に対する雇用管理への支援を行う。

Q627 障害者職業能力開発校は、障害者の職業的自立の見込みの有無に関係なく、技術革新の進展等に対応した職業訓練を行う。

Q628 職場復帰支援の段階における第1ステップは「病気休業開始及び休業中のケア」である。

A621　✕　[場面設定法] は、実際の職場を構成する様々な環境条件を模擬的に再現して、その中での行動特性を評価するものであり、職業の適性を把握するために実施される。問題文は [職務試行法] の説明である。

A622　✕　[ワークサンプル法] は、実務上使用する道具等の作業標本を用い、作業成績の判断、また行動特性を観察し適合する作業予測、作業改善方法の開発等を行い、[評価] だけでなく [訓練] も兼ねるものである。

A623　◯　[ワークパーソナリティ障害評価表] は、役割の認知と受容、対人関係、指導・指示への反応、作業遂行能力の4つの概念から構成した15項目を評価するものである。

A624　◯　[公共職業安定所] は、就職を希望する障害者の求職登録を行い、専門職員及び職業相談員がケースワーク方式により、きめ細かな職業相談から職場定着指導まで行う。

A625　✕　[障害者職業総合センター] は、障害者のリハビリテーションに関する研究、支援技法の開発、専門的な人材の育成を行う。

A626　✕　[障害者就業・生活支援センター] は、各種関係機関との連携調整を行いながら、就業及びこれに伴う相談・支援を行う事業所である。設問は [地域障害者職業センター] のことである。

A627　✕　障害者職業能力開発校は、[障害の特性] に応じた職業訓練、在職者訓練等を実施する。技術革新の進展等に対応した訓練（いわゆる最新技術の教授）を役割にはしていない。

A628　◯　職場復帰支援の段階における第1ステップは「病気休業開始及び休業中の [ケア]」である。

Q629
☑ ☑
職場復帰支援の段階における第2ステップは「職場環境及び労働者の状態等の評価」である。

Q630
☑ ☑
職場復帰支援の段階における第3ステップは「職場復帰の可否の判断及び職場復帰支援プランの作成」である。

Q631
☑ ☑
職場復帰支援の段階における第4ステップは「最終的な職場復帰の決定」である。

Q632
☑ ☑
職場復帰支援の段階における第5ステップは「職場復帰後のフォローアップ」である。

Q633
☑ ☑
障害者トライアル雇用奨励金は、諸条件を満たして試行的雇用を受け入れた事業主に対して、原則6か月間を上限として支給される。

Q634
☑ ☑
地域活動支援センターⅠ型では、1日当たりの実利用者数が20名以上と想定されている。

6 医療機関における精神科リハビリテーションの展開

Q635
☑ ☑
精神科デイケアにおけるリワークプログラムは、職場復帰してから開始する。

Q636
☑ ☑
精神療養病棟に入院中の患者に対しては、就労移行のためのプログラムよりも日常生活の質の改善へ向けたプログラムを優先させる。

A629　✕　職場復帰支援の段階における第2ステップは
　　　　　「[主治医] による職場復帰可能の判断」である。

. . . .

A630　○　職場復帰支援の段階における第3ステップは
　　　　　「[職場復帰] の可否の判断及び職場復帰支援プ
　　　　　ランの作成」である。

. . . .

A631　○　職場復帰支援の段階における第4ステップは
　　　　　「[最終的] な職場復帰の決定」である。

. . . .

A632　○　職場復帰支援の段階における第5ステップは
　　　　　「職場復帰後の [フォローアップ]」である。

. . . .

A633　✕　障害者トライアル雇用奨励金は、諸条件を満た
　　　　　して試行的雇用を受け入れた事業主に対して、
　　　　　原則 [3] か月間を上限として支給される。

. . . .

A634　○　地域活動支援センターⅠ型では、1日当たりの
　　　　　実利用者数が [20] 名以上と想定されている。
　　　　　なお、Ⅱ型では [15] 名以上、Ⅲ型では [10]
　　　　　名以上と想定されている。

4 精神保健福祉の理論と相談援助の展開①

A635　✕　精神科デイケアにおけるリワークプログラムは、
　　　　　[休職中] から開始する。

. . . .

A636　○　精神療養病棟に入院中の患者に対しては、就労
　　　　　移行のためのプログラムよりも [日常生活の質
　　　　　の改善] へ向けたプログラムを優先させる。

Q637 施設症（institutionalism）の状態の患者に対しては、リハビリテーションよりも向精神薬による薬物療法を優先させる。

Q638 集団精神療法のセッション終了後に、スタッフは経過を振り返り、考察するシェイピングを行う。

Q639 集団精神療法におけるシェアリングとは、通常はサイコドラマの実演と展開の前に行う。

Q640 入院患者に対する作業療法では、パラレルな場を設定し、集団で行う共通課題に取り組む中で対人交流の技能を高める。

Q641 集団精神療法は、集団面接を通して個人の適性などを観察するものである。

Q642 集団精神療法では、司会者が何を言ってもよいと宣言し、参加者の自由な意見交換を促す。

Q643 統合失調症の回復過程において、疲弊・エネルギー消耗が顕著に出現するのは、寛解期後期である。

Q644 ブライアーらは統合失調症の予後について、人生の後半に緩やかに改善する時期を迎えるという生涯経過を示した。

Q645 統合失調症の回復過程において、臨界期を経た直後には、少しずつ集中力も出てきて、活動性が向上してくる。

A637　✕　[施設症] とは、長期間の入院などによって生じる心身の症状のことであり、薬物療法による改善は難しい。

A638　✕　集団精神療法のセッション終了後に、スタッフは経過を振り返り、考察する [レビュー] を行う。

A639　✕　集団精神療法における [シェアリング] とは、参加者で感想を述べ合う過程であり、通常はサイコドラマが [終了] する段階で実施する。

A640　✕　入院患者に対する作業療法では、[パラレル] な場を利用して行う支援は、人の集まりの「場」を利用しながら、原則として個人に対して行うものである。

A641　✕　集団精神療法は、集団の [相互作用] を利用して行う精神療法である。

A642　✕　集団精神療法では、司会者は [目的] や [ルール] の説明を行い、テーマ設定はグループで行う。司会者は何を言ってもよいと宣言するわけではない。

A643　✕　統合失調症の回復過程において、疲弊・エネルギー消耗が顕著に出現するのは、寛解期 [前期] である。

A644　◯　ブライアーらは統合失調症の予後について、人生の後半に緩やかに [改善] する時期を迎えるという [生涯経過] を示した。

A645　✕　[臨界期] とは、急性期の状態から寛解期に至る途中の時期である。統合失調症の回復過程において、臨界期を経た直後には、[疲弊・エネルギー消耗] が顕著に出現する。

4 精神保健福祉の理論と相談援助の展開①

Q646
☑ ☑
作業療法は、対象者の精神症状が急性期の要安静期及び亜急性期においては行わない。

Q647
☑ ☑
セカンドオピニオンとは、主治医以外の医療機関で治療を受けられるようにすることである。

Q648
☑ ☑
アドヒアランスとは、患者が専門職からの指示を遵守することをいう。

Q649
☑ ☑
アドヒアランスとは、患者が積極的に治療方針の決定に参加し、その決定に従って治療を受けることを意味する。

Q650
☑ ☑
アドヒアランスとは、専門職が本人のために最善と思われる方針を決定することをいう。

Q651
☑ ☑
アドヒアランスとは、支援者が権利を侵害されやすい利用者に代わり、権利を表明することをいう。

Q652
☑ ☑
アドヒアランスとは、利用者が担当者以外の専門的知識を有する第三者に意見を求めることをいう。

Q653
☑ ☑
作業療法では、日常生活関連活動や創作・芸術活動のほか、社会生活関連活動も「作業」ととらえてリハビリテーションの手段として用いる。

Q654
☑ ☑
認知行動療法では、主観的な体験に解釈を加えることで洞察を促し、病的な行動の修正を図る。

A646 ✕ 作業療法は、[時期] を問わず、患者の [状況] に合わせて実施される。

A647 ✕ セカンドオピニオンとは、主治医以外の医療機関の医師に治療の状況や方法に関して [意見を聴く] ことである。

A648 ✕ [コンプライアンス] とは、患者が専門職からの指示を遵守することをいう。

A649 〇 [アドヒアランス] とは、患者が積極的に治療方針の決定に参加し、その決定に従って治療を受けることを意味する。以前は、医師や薬剤師が主体となって決定された治療方法を患者が遵守する [コンプライアンス] という考え方であった。

A650 ✕ [パターナリズム] とは、専門職が本人のために最善と思われる方針を決定することをいう。

A651 ✕ [アドボカシー] とは、支援者が権利を侵害されやすい利用者に代わり、権利を表明することをいう。

A652 ✕ [セカンドオピニオン] とは、利用者が担当者以外の専門的知識を有する第三者に意見を求めることをいう。

A653 〇 作業療法では、日常生活関連活動や創作・芸術活動のほか、[社会生活関連活動] も「作業」ととらえてリハビリテーションの手段に用いる。

A654 ✕ 認知行動療法は、受信・処理・送信といった一連の [認知機能] に対する障害へのアプローチ方法である。設問のようなアプローチは行わない。

Q655
☑ ☑
社会生活技能訓練（SST）では、認知行動療法の技法を用い、宿題を課すことにより練習で得た技能の般化を目指す。

Q656
☑ ☑
SSTにおける情報処理の段階は、「受信技能」と「送信技能」の2つに大別される。

Q657
☑ ☑
SSTのドライ・ランでは、ロールプレイを使う。

Q658
☑ ☑
SSTにおけるプロンプティングは、ロールプレイを終了した直後に行う。

Q659
☑ ☑
SSTにおいては、練習課題に取り組む際にモデリングを行い、改善点を明確にする。

Q660
☑ ☑
入院生活技能訓練療法は、認知行動療法の理論に裏づけられた一定の治療計画に基づく治療法である。

Q661
☑ ☑
行動療法のシェイピングは、直接の強化をせずに、他者の行動を観察することによって行動変容を起こすことである。

Q662
☑ ☑
同居家族の感情表出が高い場合、統合失調症の再発の可能性も高い。

Q663
☑ ☑
家族心理教育では、1回のセッションで、家族に対してできるだけ多くのメッセージを伝える。

Q664
☑ ☑
統合失調症の家族心理教育では、家族の感情表出が、回復や再発に影響を与えることを説明する。

A655　○　[社会生活技能訓練（SST）] では、[認知行動療法] の技法を用い、宿題を課すことにより練習で得た技能の般化を目指す。

A656　✕　SSTにおける情報処理の段階は、[受信技能]、[処理技能]、[送信技能] の3つに大別される。

A657　○　SSTのドライ・ランでは、[ロールプレイ] を使う。ドライ・ランとは予行演習のことを指す。

A658　✕　SSTにおける [プロンプティング] は、促し行動のことを指し、ロールプレイ中に行われる。

A659　○　SSTにおいては、練習課題に対して実際に取り組む際に [モデリング] を行い、改善点を明確にしていく。

A660　○　入院生活技能訓練療法は、[認知行動療法] の理論に裏づけられた一定の治療計画に基づく治療法である。

A661　✕　行動療法の [シェイピング] は、一定の目標を定め、それに至るまで、段階的に課題を設定して順次遂行していく手法である。問題文は [モデリング] のことである。

A662　○　[高い] 感情表出（高EE）が認められる家族がいる場合、統合失調症の再発の可能性が高くなるといわれている。

A663　✕　家族心理教育では、[家族の理解度] を確認した上で進めていくことが求められている。一度に多くの情報を伝えることにより、効果が薄れる場合もある。

A664　○　統合失調症の家族心理教育では、再発防止の観点から、[家族の感情表出]（EE）が、回復や再発に影響を与えることを説明することは重要である。

4

精神保健福祉の理論と相談援助の展開①

Q665
☑ ☑
アルコール家族教室では、飲酒しているときの対応について、先輩参加者から経験談を聞く。

Q666
☑ ☑
アルコール家族教室において、初回参加者には、これまでの経過を全員の前で発表してもらう。

Q667
☑ ☑
行動療法でいうモデリングとは、本人に対する直接的な条件づけに加えて、他者の行動を観察して学習する方法である。

Q668
☑ ☑
精神科デイケアでは、擬似的な社会経験による回復を目指しているので、個別の対応は控えて集団場面に集中できるようにする。

Q669
☑ ☑
退院促進・地域移行の機能を強化するため、入院後速やかに精神科デイケアへの参加を促しプログラムを開始する。

Q670
☑ ☑
精神科デイケアでは、メンバーの社会関係の広がりを目指し、地域資源の活用を視野に入れた支援を展開する。

Q671
☑ ☑
精神科ナイト・ケアの開始時間は、午後6時以降でなければならない。

Q672
☑ ☑
精神科ナイト・ケアの実施時間は、患者1人当たり1日につき4時間を標準とする。

Q673
☑ ☑
施設症は、精神科病院に長期に入院していると起こりやすく、受け入れ条件が整えば退院可能とされる患者の中にも見られる。

Q674
☑ ☑
施設症は、獲得した能力の低下は認められないものの、周囲に対する関心が薄れ、自信も喪失した状態である。

A665 ○ アルコール家族教室では、飲酒しているときの対応について、先輩参加者から [経験談] を聞く。自分以外の体験を知ることは重要である。

A666 ✕ アルコール家族教室において、初回参加者には、[波長合わせ] を行うことが重要である。[波長合わせ] では、メンバーについての情報収集やグループワーク前の予備的接触などを行う。

A667 ✕ 行動療法でいうモデリングとは、本人に対する直接的な条件づけを [行わず]、[他者の行動] を観察して学習する方法である。

A668 ✕ 精神科デイケアにおいても、必要に応じて [個別] の対応を行うべきである。

A669 ✕ 精神科デイケアは、原則 [外来患者] に対して実施するものである。

A670 ○ 精神科デイケアでは、メンバーの社会関係の広がりを目指し、[地域資源] の活用を視野に入れた支援を展開する。

A671 ✕ 精神科ナイト・ケアの開始時間は、午後 [4] 時以降である。

A672 ○ 精神科ナイト・ケアの実施時間は、患者1人当たり1日につき [4] 時間を標準としている。

A673 ○ 施設症とは、入院生活等 [刺激] に乏しい環境下で [長期] にわたり生活をすることで生じるものである。受け入れ条件が整えば退院可能とされる患者の中にも見られる。

A674 ✕ 施設症は、獲得した能力の低下が [認められ]、周囲に対する関心が薄れ、自信も喪失した状態である。

5 精神保健福祉の理論と相談援助の展開②

出る！出る！
要点チェックポイント

ポイント① 援助関係

- ソーシャルワークは、援助者とクライエントの間で行われる。よりよい支援を行うためには、その間に信頼関係の形成がされていることが求められる。しかしながら信頼関係は、一朝一夕に形成されるものではなく、援助者とクライエントの間でいくつもの対話が取り交わされる中で徐々に形成されるものであるといえる
- ソーシャルワークにおける援助関係を示すものとしては、バイスティックの示した7原則が有名である

バイスティックの7原則

① 個別化	⑤ 秘密保持
② 自己決定	⑥ 統制された情緒的関与
③ 受容	⑦ 意図的な感情表出
④ 非審判的態度	

ポイント② 面接技法

面接の技法には、①**身振り、表情、視線や服装**などの外見、②**声の調子**などを利用した非言語的なもの、③言語的なものがある

面接技法の例

傾聴	クライエントによって言語化されるものだけでなく、背景にある感情も受け止め、共感し理解する
繰り返し（反復）	クライエントの話す内容に援助者が批判や評価をすることなく、要約してクライエントに返す
明確化	クライエントが言葉にしていないが、潜在的に気づいていることを援助者が言葉にする
支持	援助者がクライエントの話す内容を尊重し、承認する
開かれた質問	クライエントの自由な発言が可能な質問

閉じられた質問	はい、いいえでしか答えにくい質問
リフレーミング	ある状況や考えなどを、角度を変えた視点でとらえ、援助者が新しい意味づけを与え、クライエントに伝える
沈黙	クライエントが自分の考えを整理する、また話す内容を吟味している、援助者の反応をうかがっているときなどの沈黙を保証する
対決（直面化）	クライエントの言語と感情、また言語や態度の不一致や矛盾などから、内面にある葛藤状況に直面させることによって問題の明確化を図る
感情の反映	クライエントの表現から伝わるクライエントの感情を受容し、その感情を支援者が適切に言語化し、クライエントに返す

 記録

- 記録には、実践でのクライエントの問題の明確化、援助目標・計画の設定などの各過程において、客観的な視点で自分の行ってきた援助について振り返ることができる
- ソーシャルワーカーが取り扱う記録は、相談援助記録等に代表される支援記録と、会議記録や業務管理記録に代表される運営管理記録に大別される。その記録様式としては、次のものがある
  ①主に時間的経過に沿って記載する：叙述体
  ②ポイントごとに整理して記載する：要約体
  ③出来事に対して、筆者の解釈や分析、説明などを記す：説明体
  ④状況をわかりやすく伝えるための手段として図式化して表す：マッピング技法

記録の主な役割

> ①的確な社会診断あるいは評価とそれに処遇あるいは介入を行うための基礎資料
> ②利用者の利益を守るために、援助者が自分の実践を点検する資料
> ③専門的能力の向上のための、実践の自己点検と自己評価のための素材
> ④スーパービジョンのための資料
> ⑤教育訓練のための資料
> ⑥研究調査のための資料
> ⑦ソーシャルアクションのための資料
> ⑧業務理解のための資料
> ⑨情報公開のための資料

マッピング技法

ジェノグラム	世代関係図、家族関係図と呼ばれ、家族構成と家族関係を一つの図中に示したもの
エコマップ	生態地図ともいい、支援を要するクライエント・家族を中心とし、彼らの問題や解決にかかわると考えられる関係者や関係機関を記載したもの
ファミリーマップ	家族間コミュニケーションの状況や関係性、情緒的結びつきを示したもの
ソシオグラム	ソシオメトリーによって、集団内の人間関係や集団構造を図表化したもの
タイムライン	時間を縦軸に、ライフイベントがあった年齢、事柄を記載していくもの

ACT

ACT（包括的地域生活支援：Assertive Community Treatment）は、アメリカのウィスコンシン州で開発された、比較的重度の精神障害者を対象に訪問活動を主力とする24時間の医療・福祉サービスで、不必要な入院の防止と地域リハビリテーションを目指すものである。

ケアマネジメントの類型では統合型モデルに位置づけられており、わが国でも2002（平成14）年度以降、ACT-Jをはじめ、各地でモデル的に導入されている。多職種が職域を超えた支援を展開することから、超職種（相互乗り入れ）チームとも呼ばれる。

ACTモデルの特徴

①重い精神障害を抱えた人が対象
②様々な職種の専門家から構成されるチーム
③利用者数の上限を設定
④スタッフ全員で1人の利用者のケアを共有
⑤ほとんどのサービスを責任もって直接提供
⑥積極的に訪問が行われる
⑦期限を定めず継続的にかかわる
⑧1日24時間・365日体制

ポイント5 スーパービジョン

- スーパービジョンは、援助者が**成長**することで利用者へよりよい援助ができるようになることを目的として実施される指導である
- 通常のスーパービジョンでは、スーパービジョンを行う経験豊富な**スーパーバイザー**と、指導を受ける**スーパーバイジー**に分かれて実施される。なお、この両者は同職種であることが前提であり、他職種から受ける助言指導については**コンサルテーション**と呼ばれる
- 通常の指導と異なる点として、原則としてスーパービジョン関係は、**契約**によって成立するものである。そのためスーパービジョンによって得られた知見は、実際に実施することが前提にあり、その結果をさらにスーパービジョンの中で整理していくことが必要である
- スーパービジョンを受けるスーパーバイジーは必ずしも新人というわけではなく、経験を積んだものがより研鑽をするために受ける場合もある

スーパービジョンの機能

支持的機能	スーパーバイジーをスーパーバイザーが**精神的**に支える機能
教育的機能	**倫理観**、知識、**技術**の向上など、利用者を援助するためにふさわしい力を身につけることを目的とした機能
管理的機能	所属する施設・機関の一員として、適切な行動が取れるようにする、また、施設・機関が提供するサービスの向上を図る機能

スーパービジョンの種類

個別スーパービジョン	スーパーバイザーとスーパーバイジーの一対一で行われるスーパービジョン
グループ・スーパービジョン	スーパーバイザー１人に対し、複数のスーパーバイジーで構成されるスーパービジョン。１人のスーパーバイジーの課題の確認作業を通して、スーパーバイジー全員の専門性の向上を図る
ライブ・スーパービジョン	実際の援助場面を再現し、その内容を通して実施するスーパービジョン
ピア・スーパービジョン	スーパーバイジー間で行われるスーパービジョンであり、同じ立場で確認作業を実施する。なおスーパーバイザーは同席しない

1 精神障害者の支援モデル

Q675
☑ ☑
危機介入アプローチでは危機的状況に直面したクライエントへの対応を行う。

Q676
☑ ☑
ナラティブアプローチとは、クライエントが抱く具体的な解決イメージに焦点を絞ったかかわりを行う。

Q677
☑ ☑
問題解決アプローチでは、クライエントが問題に対して適切に対処できる行動をクライエント自身が意識的に選択していけるよう支援していく。

Q678
☑ ☑
課題中心アプローチは、ホリスによって提唱された。

Q679
☑ ☑
課題中心アプローチでは、問題を特定化し、課題解決に向けて短期的に取り組む。

Q680
☑ ☑
心理社会的アプローチは、人には自ら成長する自由な意志があるというランクの意志心理学の考え方に基づいたものである。

Q681
☑ ☑
ナラティブアプローチでは、物事の見方の多様性を認識して、クライエントの新たな意味づけを重視する。

Q682
☑ ☑
ナラティブアプローチでは、援助機関の機能を明確にして、クライエントの意志の力を引き出す。

A675　○　[危機介入] アプローチは、危機状況にある個人や家族に対して、有効に援助していくために発展してきた援助方法である。

. . . .

A676　✕　ナラティブアプローチでは、クライエントの [ドミナントストーリー] から [オルタナティブストーリー] を構築することに焦点を絞ったかかわりを行う。

. . . .

A677　○　問題解決アプローチは、[パールマン] によって提唱されたもので、クライエントが問題に適切に対処できる行動をクライエント自身が意識的に選択していけるよう支援する。

. . . .

A678　✕　[心理社会的] アプローチは、ホリスによって提唱された。[課題中心] アプローチは、リードとエプスタインによって構築された。

. . . .

A679　○　[課題中心] アプローチは問題そのものに対処する方法であり、具体的な課題を明らかにし、それに対して短期的処遇を行う。

. . . .

A680　✕　[心理社会的] アプローチは、利用者の社会的側面への援助を取り入れ、人と状況とこの両者の相互作用の三重の相互関連性からなる「状況の中の人間」としてケースワークをとらえる。

. . . .

A681　○　[ナラティブ] アプローチでは、物事の見方の多様性を認識して、クライエントの新たな意味づけを重視する。

. . . .

A682　✕　[機能的] アプローチでは、援助機関の機能を明確にして、クライエントの意志の力を引き出す。

Q683

☑ ☑

ナラティブアプローチでは、行動の学習過程に着目して、クライエントの望ましい行動を形成する。

- -

Q684

☑ ☑

エンパワメントアプローチでは、自尊心を高める過程を支援する。

- -

Q685

☑ ☑

機能的アプローチは、臨床心理学を基盤として、タフトやロビンソンによって確立された。

- -

Q686

☑ ☑

エンパワメントアプローチは、満たされた環境でも新たな能力を獲得するために確立された。

- -

Q687

☑ ☑

エコロジカルアプローチは、システム理論に生態学的な視点を取り入れ、社会福祉と経済の交互作用に焦点を当てている。

- -

Q688

☑ ☑

問題解決アプローチは、バーグによって提唱された因果論を追求した解決型アプローチである。

- -

Q689

☑ ☑

ストレングスモデルとは、疾患やそれに起因する弱さを、個人に応じたプログラムにより強化していくことである。

- -

Q690

☑ ☑

ユニタリーアプローチは、エプシュタインによって提唱され、社会的学習と社会正義に基づいて問題解決を図る。

- -

Q691

☑ ☑

解決志向アプローチとは、因果関係を明らかにして問題解決することである。

A683　✕　[行動変容]アプローチでは、行動の学習過程に着目して、クライエントの望ましい行動を形成する。

A684　○　エンパワメントアプローチでは、[自尊心]を高める過程を支援する。エンパワメントは、自らの能力を阻害されている状態から、再び[能力]を取り戻していく過程であるといえる。

A685　✕　機能的アプローチは、[意志心理学]を基盤としている。

A686　✕　エンパワメントアプローチは、偏見や差別などの[抑圧された環境]に置かれたことで、[無力化された力を取り戻し、自らが主体的に問題解決]できるように支援する方法である。

A687　✕　エコロジカルアプローチは、システム理論に生態学的な視点を取り入れ、[人と環境]の相互作用に焦点を当てている。

A688　✕　問題解決アプローチは、[パールマン]が提唱した、ワーカビリティに重点を置いたアプローチである。

A689　✕　[ストレングス]モデルとは、本人の持つ力に着目して支援を行っていくモデルであり、支援過程は個人によって異なる。

A690　✕　ユニタリーアプローチは、[ゴールドシュタイン]によって提唱され、社会的学習と[社会変革]に基づいて問題解決を図る。

A691　✕　解決志向アプローチとは、[問題が解決した場合]の状況について質問することである。

Q692 イギリスの国民保健サービス（NHS）で行われているケアプログラムアプローチ（CPA）は、ケアマネジメントに分類される。

☑ ☑

Q693 地域に根差したリハビリテーション（CBR）は、総合的な地域開発の戦略の一つである。

☑ ☑

2 精神保健福祉士の支援とソーシャルワーク展開

Q694 精神保健福祉士が行う援助プロセスにおけるアセスメントでは、援助活動の効果を評価する。

☑ ☑

Q695 精神保健福祉士が行う援助プロセスにおけるアセスメントでは、支援の進捗状況や適切性の確認を行う。

☑ ☑

Q696 精神保健福祉士が行う援助プロセスにおけるアセスメントでは、利用者の状況を把握し、社会資源の精査をする。

☑ ☑

Q697 精神保健福祉士が行う援助プロセスにおけるアセスメントでは、具体的な援助内容を立案する。

☑ ☑

Q698 精神保健福祉士が行う援助プロセスにおけるアセスメントでは、援助を受ける意思を利用者に確認する。

☑ ☑

Q699 精神保健福祉士が行う援助プロセスにおけるターミネーションには、危機介入も含まれる。

☑ ☑

A692　○　イギリスの国民保健サービス（NHS）で行われ
ている［ケアプログラム］アプローチは、地域
ケアの推進を目的として導入されたもので、ケ
アマネジメントに分類される。

. . . .

A693　○　［地域に根差したリハビリテーション（CBR）]
は、障害をもつすべての子どもおよび大人のリ
ハビリテーション、機会均等化および社会統合
に向けた総合的な地域開発の戦略の一つであ
る。

A694　×　精神保健福祉士が行う援助プロセスにおける
［エバリュエーション］では、援助活動の効果を
評価する。

. . . .

A695　×　精神保健福祉士が行う援助プロセスにおける
［モニタリング］では、支援の進捗状況や適切性
の確認を行う。

. . . .

A696　○　精神保健福祉士が行う援助プロセスにおける
［アセスメント］では、利用者の状況を把握し、
社会資源の精査をする。

. . . .

A697　×　精神保健福祉士が行う援助プロセスにおける
［プランニング］では、具体的な援助内容を立案す
る。

. . . .

A698　×　精神保健福祉士が行う援助プロセスにおける
［エンゲージメント］では、援助を受ける意思を
利用者に確認する。

. . . .

A699　×　精神保健福祉士が行う援助プロセスにおける
ターミネーションとは、支援の［終結又は移行］
である。

5　精神保健福祉の理論と相談援助の展開②

Q700
☑ ☑
企業に配属されている精神保健福祉士は、精神保健福祉法に基づき、メンタルヘルスケアの効果的な実施に向けた研修企画が求められる。

Q701
☑ ☑
市保健所の精神保健福祉相談員の業務内容として、ゲートキーパーの養成研修を開催することがある。

Q702
☑ ☑
自殺傾向のある人に対しては、自殺以外に解決法があることを伝え、その方法を話し合う。

Q703
☑ ☑
自殺傾向のある人に対しては、自殺を実行する危険性についてアセスメントをする。

Q704
☑ ☑
グループワークの作業期では、個々のメンバーと波長合わせを行う。

Q705
☑ ☑
グループワークの開始期では、グループ内に形成されたサブグループを活用する。

Q706
☑ ☑
グループワークの「制限」の原則を踏まえ、アルコールデイケアにおいて再飲酒したメンバーの参加を制限する。

Q707
☑ ☑
グループワークの「個別化」の原則を踏まえ、地域活動支援センターで個々のメンバーが好きなプログラムを選べるようにする。

Q708
☑ ☑
グループワークの「参加」の原則を踏まえ、精神科デイケアでメンバー各自がその能力に応じて参加できるような活動を考え、メンバー相互に交流ができるように促す。

A700 ✕ 企業に配属されている精神保健福祉士は、「職場における心の健康づくり～労働者の心の健康の保持増進のための指針～」（厚生労働省）に基づき、メンタルヘルスケアの効果的な実施に向けた研修企画が求められる。

A701 ○ 市保健所の精神保健福祉相談員の業務では、[自殺対策] としてゲートキーパー養成研修を開催することがある。

A702 ○ 自殺傾向のある人に対して、問題解決に [自殺以外の手段] があることを伝えることは重要である。

A703 ○ 自殺傾向のある人に対して、なぜ自殺したいのかについて [アセスメント] をすることによって、その人をより理解することにつながる。

A704 ✕ グループワークの [準備期] では、個々のメンバーと波長合わせを行う。

A705 ✕ グループワークの [作業期] では、グループ内に形成されたサブグループを活用する。

A706 ✕ グループワークにおける「制限」の原則とは、利用者の自我を強化し、援助者とよりよい援助関係を保つためのものである。参加者の制限を指しているものではない。

A707 ✕ グループワークにおける「個別化」の原則とは、各グループがそれぞれ独自のグループであることを認識することである。

A708 ○ グループワークにおける「参加」の原則は、各自の能力に応じてプログラムに参加できるよう励まし、各自の持つ能力をさらに向上するよう支援するものである。

Q709 ☑ ☑ グループワークにおいて精神保健福祉士は、グループ内の規範を定めずに、メンバーの自由な活動を推進する。

Q710 ☑ ☑ 親がアルコール依存症の人を対象としたグループワークにおいて、準備期では、グリーフワークを行う。

Q711 ☑ ☑ 親がアルコール依存症の人を対象としたグループワークにおいて、開始期では、断酒会を紹介する。

Q712 ☑ ☑ 親がアルコール依存症の人を対象としたグループワークにおいて、作業期では、親の言動への対処方法を検討する。

Q713 ☑ ☑ 親がアルコール依存症の人を対象としたグループワークにおいて、終結期では、アサーショントレーニングを行う。

Q714 ☑ ☑ 外傷後ストレス障害（PTSD）で苦しむ人のサポートグループを、オープングループで実施した。

Q715 ☑ ☑ グループワークにおいて精神保健福祉士は、メンバーの体験談を活用して、社会的スキルの獲得を促進する。

Q716 ☑ ☑ 就労移行支援事業所で行ったグループワークにおいて、客からのクレームへの対応を学ぶSST（社会生活技能訓練）を行った。

Q717 ☑ ☑ 認知症で通院中の男性（75歳）の息子が「介護の仕方がわからなく、戸惑っている」と相談に来たので、地域包括支援センターを紹介した。

A709 ✕ グループワークにおいて精神保健福祉士は、グループが成立するように［ルールや約束事を定めつつ］、メンバーの［主体的な］活動を推進する。

A710 ✕ グループワークの［準備］期では、目標の明確化、対象者の決定などを行う。［グリーフワーク］は、近親者の死別などによる喪失体験から回復する過程を指す。

A711 ✕ グループワークの［開始］期は、メンバー同士や援助者との関係を築いていく時期である。

A712 ◯ グループワークの［作業］期は、問題に対する対処方法の検討などをする時期となる。

A713 ✕ グループワークの［終結］期は、グループを終了させるために進めていく段階である。［アサーショントレーニング］とは、お互いを尊重した上で、自分の伝えたいことを適切に伝えられるようにする訓練であり、終結期には行わない。

A714 ✕ 外傷後ストレス障害（PTSD）などの場合、サポートグループは［クローズド］グループで実施したほうが効果が高いと考えられる。

A715 ◯ グループワークにおいて精神保健福祉士は、体験の共有など［グループダイナミクス］を利用しながら、社会的スキルの獲得を促進する。

A716 ◯ 就労移行支援事業所などでの就労支援上、客からのクレーム対応など、実際にありえる場面を使っての［SST］（社会生活技能訓練）は実施する意味がある。

A717 ◯ ［地域包括支援センター］は、高齢者支援における地域の総合的拠点となる機関である。

5

精神保健福祉の理論と相談援助の展開②

209

Q718

☑ ☑

薬物依存で通院中の男性（30歳）の母親から「息子が暴れている」と電話があったので、相談支援事業所、保健所と連絡を取り、ケア会議の日程を調整した。

Q719

☑ ☑

自閉症の診断を受けた男性（19歳）の父親が、息子とのコミュニケーション方法について相談に来たので、地域活動支援センターⅢ型を紹介した。

Q720

☑ ☑

ソーシャルプランニングでは、精神障害者家族会と家族の介護保障を求める署名活動を実施する。

Q721

☑ ☑

コミュニティワークでは、自治会とともに防災に関するアンケートを実施し、その結果に基づいて防災マップの作成を支援する。

Q722

☑ ☑

インターグループワークでは、オンブズパーソンとして市町村における障害福祉サービスの必要量を把握し、整備計画を作成する。

Q723

☑ ☑

精神保健福祉士が行うコンサルテーションとして、刑務官に、受刑者の社会復帰支援におけるSST（社会生活技能訓練）の活用と効果を教えた。

Q724

☑ ☑

グループスーパービジョンにおいて、スーパーバイザーは、スーパーバイジーの抱える個人的問題をグループの課題として取り上げる。

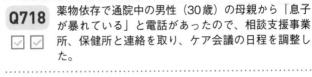

🐱 **参考** 精神保健福祉士の資質向上

精神保健福祉士がより質の高い援助を提供できるようにするための方法として、「スーパービジョン」、「コンサルテーション」、「OJT」（On the Job Training）、「Off-JT」（Off-the-Job Training）について整理しておこう。

A718 ✕ 薬物依存で通院中の男性（30歳）の母親から
「息子が暴れている」と電話があったときは、
[危機介入] の事例であるため、場合によっては
[移送] 等を検討する。

A719 ✕ 自閉症を含む発達障害を持つ人がコミュニケー
ション方法について悩んでいる場合は、[発達障
害者支援センター] 等の紹介が考えられる。[地
域活動支援センターⅢ型] は、創作的活動等の
機会を提供する場であり、ここへの相談は適切
ではない。

A720 ✕ 精神障害者家族会と家族の介護保障を求める署
名活動を実施することは [ソーシャルアクショ
ン] である。

A721 ◯ 自治会とともに防災に関するアンケートを実施
し、その結果に基づいて防災マップの作成を支
援することは [コミュニティワーク] である。

A722 ✕ オンブズパーソンとして市町村における障害福
祉サービスの必要量を把握し、整備計画を作成
することは [ソーシャルプランニング] である。

A723 ◯ 精神保健福祉士が刑務官に、受刑者の社会復帰
支援における SST（社会生活技能訓練）の活用
と効果を教えることは、[コンサルテーション]
である。社会復帰にかかわる SST は刑務官が持
ちにくい知識、技術であるから、これは [コン
サルテーション] といえる。

A724 ✕ 個人的問題を取り扱うのであれば、グループで
はなく、[個別スーパービジョン] が適してい
る。

Q725 ☑ ☑
グループスーパービジョンにおいて、スーパーバイザーは、各々のスーパーバイジーが同一視できるよう理想像を示す。

Q726 ☑ ☑
グループスーパービジョンにおいて、スーパーバイザーは、ほかのスーパーバイジーのかかわりを参考に、援助を自己点検するよう促す。

Q727 ☑ ☑
グループスーパービジョンにおいて、ピアスーパービジョンに発展した場合は、スーパーバイザーは、引き続き進行役を務める。

Q728 ☑ ☑
コンサルタントは、助言した結果に責任を負う。

Q729 ☑ ☑
コンサルタントは、監督・指導する管理的機能を持つ。

Q730 ☑ ☑
ピアスーパービジョンでは、スーパーバイジーの自律性が高まる。

Q731 ☑ ☑
スーパーバイザーは、チーム医療の最終決定権を担う。

Q732 ☑ ☑
ピアスーパービジョンでは、素材は複雑・困難な事例にする。

Q733 ☑ ☑
アドボカシーとは、患者自身が自分の心身の状況や治療方針に関する説明を受けて同意を行うことである。

A725　✕　グループスーパービジョンにおいて、スーパーバイザーは、一つの答えを示すのではなく、検討を進める中でスーパーバイジー間で［コミュニケーション］が取れる環境を作ることが必要である。

A726　○　グループスーパービジョンにおいて、スーパーバイザーは、ほかのスーパーバイジーのかかわりを参考に、援助を［自己点検］するよう促す。

A727　✕　［ピアスーパービジョン］はあくまでもスーパーバイジー同士で行うものであり、スーパーバイザーは関与しない。

A728　✕　コンサルタントはあくまで［助言者］であり、直接援助活動に関与しないため、結果について責任を［負わない］。

A729　✕　コンサルタントとコンサルティは［対等な関係］であり、管理的機能は［ない］。

A730　○　ピアスーパービジョンでは、意見を言いやすい関係ができるため、スーパーバイジーの［自律性］が高まる。

A731　✕　スーパーバイザーとは、［教育や研修の際の熟練した指導者］のことをいう。

A732　✕　ピアスーパービジョンは、スーパーバイジーの自発性、自由度などによる個々の［成長］を目指す側面がある。複雑・困難な事例の場合、［スーパーバイザー］によるスーパービジョンが適切である。

A733　✕　アドボカシーとは、クライエントの権利や利益を守るために［代弁者］としての役割を果たすことである。

Q734

☑ ☑

メディエーターは代弁者のことである。

Q735

☑ ☑

エバリュエーターには、実践の効果を評価する役割がある。

Q736

☑ ☑

ファシリテーターは、カンファレンスやグループワークで司会進行を担う。

Q737

☑ ☑

ソーシャルアクションにおける合意モデルでは、精神障害者の権利擁護や権利侵害への対処のために、精神保健福祉士が直接的な抗議活動に関与することも必要とされる。

Q738

☑ ☑

ソーシャルアクションを行う利点の一つに、精神障害者を取り巻く問題を広く世間に知らせ、その関心を呼び起こし、支持を獲得していくことが挙げられる。

Q739

☑ ☑

ソーシャルアクションは、精神障害者が可能性の閉ざされた生活環境を乗り越えていけるように、自らのプラス面を気づかせることが目的になる。

Q740

☑ ☑

ソーシャルアクションによる成果を評価する際には、タスク・ゴールよりもプロセス・ゴールを重視する。

Q741

☑ ☑

SWOT分析では、外部環境や内部環境を強み（Strengths）、仕事（Work）、機会（Opportunities）、思考（Thought）の4つのカテゴリーに分けている。

Q742

☑ ☑

セルフネグレクトの可能性がある世帯を把握するために、悉皆調査として全戸訪問を行う。

A734　✕　メディエーターは［仲介者］のことである。

A735　○　エバリュエーターとは、実践の効果の［評価］を行う人のことをいう。

A736　○　ファシリテーターとは、［促進者］という意味で、カンファレンスやグループワークで［司会進行］をする人のことなどをいう。

A737　✕　ソーシャルアクションにおける合意モデルでは、精神保健福祉士は［間接的］にかかわる。闘争・葛藤モデルでは［直接的］にかかわる。

A738　○　ソーシャルアクションを行う利点の一つに、精神障害者を取り巻く問題を広く［世間］に知らせ、その関心を呼び起こし、［支持］を獲得していくことが挙げられる。ソーシャルアクションでは、署名活動やビラの配布などを通して［世論喚起］が行われる。

A739　✕　ソーシャルアクションは、［国］や［地方自治体等］に対して働きかける手法である。

A740　✕　ソーシャルアクションの評価は、成果である［タスク・ゴール］を重視する。［プロセス・ゴール］は過程を通じて参加者等の意識がどう変化したか等を評価するものである。

A741　✕　SWOT分析では、外部環境や内部環境を［強み（Strengths）］、［弱み（Weaknesses）］、［機会（Opportunities）］、［脅威（Threats）］の4つのカテゴリーに分けている。

A742　○　セルフネグレクトの可能性がある世帯を把握するために、［悉皆調査（全数調査）］として全戸訪問を行う。

5

精神保健福祉の理論と相談援助の展開②

Q743
☑ ☑
ソーシャル・アドミニストレーションとは、利用者の代わりに家計を運営することである。

Q744
☑ ☑
アクションリサーチとは、市民活動を保証するために行政機関と連絡調整を図ることである。

Q745
☑ ☑
ソーシャルキャピタルとは、信頼関係、規範、相互扶助、人的ネットワークなど、人と人や組織などとのつながりを資本・資源としてとらえたものである。

Q746
☑ ☑
アサーション・トレーニングとは、社会生活に必要な技能を訓練することである。

Q747
☑ ☑
アウトリーチとは、自宅を訪問し、現在のサービス利用状況を追跡することである。

Q748
☑ ☑
アクティング・アウトとは、スクリーニングテストで、カットオフを下回った対象者を抽出することである。

Q749
☑ ☑
地域援助技術の事後評価の段階では、住民の意識や地域社会の解決能力の変化から、プロセス・ゴールの達成度も評価する。

🐱 **参考** 精神障害者アウトリーチ支援の特徴

①医療や福祉サービスにつながっていない段階からの訪問支援
②医療と日常生活の両側面からの支援（協力医の確保）
③24時間相談対応可能（対象者及びその家族、関係機関に限る）
④状況に応じ、地域の関係職員もチームに加え対応
⑤家族支援等についても対応可能
⑥病状悪化者の場合でも、できるだけ入院させず在宅支援を前提とする

A743 ✕ ソーシャル・アドミニストレーション（社会福祉運営管理）は、管理者や社会福祉従事者、利用者および関係者を対象として、[サービス計画や運営改善やニーズのフィードバック] を行うことを目的とする技術である。

A744 ✕ アクションリサーチとは、実践活動とその効果を客観的に [分析・評価] し、[実践活動の改善や問題解決] を図る社会福祉調査法である。

A745 ◯ [ソーシャルキャピタル] は、信頼関係、規範、相互扶助、人的ネットワークなど、人と人や組織などとのつながりを資本・資源としてとらえたもので [社会関係資本]、人間関係資本などともいわれる。

A746 ✕ アサーション・トレーニングとは、自分も相手も大切にした [自己表現] を身につけていくためのトレーニングである。

A747 ✕ アウトリーチとは、生活上の課題を抱えながらも [自ら援助にアクセスできない個人や家族] に対し、[訪問支援] や 当事者が出向きやすい場所での [相談会] の開催、地域におけるニーズ発見の場や関係づくりなどにより、[支援につながるよう積極的に働きかける取り組み] のことである。

A748 ✕ アクティング・アウトとは、面接場面などで [態度や葛藤] などを言語ではなく、[行動] によって表現することである。

A749 ◯ 地域援助技術の事後評価の段階では、住民の意識や地域社会の解決能力の変化から、プロセス・ゴールの達成度も評価する。[タスク・ゴール]、[プロセス・ゴール]、[リレーションシップ・ゴール] 等活動の総括を行うことになる。

5

精神保健福祉の理論と相談援助の展開②

Q750
☑ ☑
相談支援事業所における精神保健福祉士が行うアセスメントとして、支援契約の締結がある。

Q751
☑ ☑
相談支援事業所における精神保健福祉士が行うアセスメントとして、サービス提供後の経過の観察がある。

Q752
☑ ☑
相談支援事業所における精神保健福祉士が行うアセスメントとして、住む場所の希望の聴き取りがある。

3 相談援助活動のための面接技術

Q753
☑ ☑
インテークでは、援助の方針を検討するため、家族や関係者からも必要な情報を得て総合的に評価する。

Q754
☑ ☑
インテークでは、問題解決に向け、長期目標・中期目標・短期目標を立てる。

Q755
☑ ☑
インテークでは、精神保健福祉士自身の発する非言語的メッセージに留意する。

Q756
☑ ☑
相談援助のインテーク段階において、相談機関が対応可能かどうかを判断する方法をエンゲージメントと呼ぶ。

Q757
☑ ☑
面接技術における明確化（clarification）とは、クライエントの感情、考え等を明確にするための質問である。

A750 ✕ 相談支援事業所における支援契約の締結は、当該施設で対応できるかどうかを判断する最初のプロセスである [インテーク] で実施する行為である。

A751 ✕ 相談支援事業所における、サービス提供後の経過の観察は、[モニタリング] で実施する行為である。

A752 ◯ 相談支援事業所における精神保健福祉士が行うアセスメントでは、事実確認や、本人の希望などを聴く中で、本人の持つ [課題] を明らかにしていく。

A753 ✕ [アセスメント] では、援助の方針を検討するため、家族や関係者からも必要な情報を得て総合的に評価する。インテークはあくまで受理面接である。

A754 ✕ [プランニング] では、問題解決に向け、長期目標・中期目標・短期目標を立てる。

A755 ◯ インテークでは、精神保健福祉士自身の発するしぐさ等の [非言語的] メッセージも重要になる。

A756 ✕ 相談援助のインテーク段階において、相談機関が対応可能かどうかを判断する方法を [スクリーニング] と呼ぶ。

A757 ◯ 面接技術における [明確化] とは、クライエントの感情、考え等を明確にするための質問である。

5 精神保健福祉の理論と相談援助の展開②

Q758

面接技術における励まし（encouragement）とは、クライエントの矛盾を指摘し、クライエントの自己覚知につなげる手法である。

Q759

リファーラルとは、患者の支援に役立つ疾病や障害の状況を調べる、精神保健福祉士固有の技術である。

Q760

リファーラルとは、多職種との対等な関係に基づき退院に向けて取り組むことである。

Q761

リファーラルとは、主治医の希望する支援に対してサービス提供機関へつなぐことである。

Q762

指示的面接とは、オープンドクエッション（開かれた質問）を用いて、クライエントが迷わないようにサポートする面接である。

Q763

深層面接では、自由連想法などを用いて、無意識下にある動機や欲求を捉える。

Q764

生活場面面接とは、長期入院患者が生活場面をイメージできるように、仮想空間を用いて面接を行うことが特徴である。

Q765

動機づけ面接は、アディクションのみならずひきこもり支援にも活用されるなど多様化されている。

Q766

構造化面接とは、事前に決められたアンケートに答える定量データを基にした量的調査である。

A758 ✕ 面接技術における［励まし］とは、クライエントの行為に対する心理的応援となるものである。問題文は［直面化］の説明である。

A759 ✕ 患者の支援に役立つ疾病や障害の状況を調べることは、［どの専門職においても共通する］技術である。

A760 ✕ ［患者］との対等な関係に基づき［課題解決］に向けて取り組むことは、精神保健福祉士として常に持っておくべき姿勢である。

A761 ✕ ［患者］の希望する支援に対してサービス提供機関へつなぐことをリファーラルという。

A762 ✕ 指示的面接とは、どの対象者に対しても同じように、［あらかじめ決めている質問の形式や順序通りに行う］面接のことである。

A763 ⭕ 深層面接とは、質問や会話の中から、クライエントの［深層心理をくみ取る］面接のことである。

A764 ✕ 生活場面接とは、［自宅などの日常生活空間］で行う面接方法のことで、日常性を重視した面接に適している。

A765 ⭕ 動機づけ面接とは、［相反する感情を同時に持ったり、行動を同時に示したり］する状態を引き出し、クライエントに［その行動などを変えたくなる］ような動機づけをする面接であり、ひきこもり支援にも活用されている。

A766 ✕ 構造化面接とは、どの対象者に対しても同じように、［あらかじめ決めている質問の形式や順序通りに行う］面接のことで、［質的］調査である。

Q767 ☑ ☑ 精神保健福祉士がクライエントに対して行う面接技法の中で、話した内容の矛盾点を見定めて指摘することを精緻化という。

Q768 ☑ ☑ 要約とは、クライエントの言動を整理し、他職種と共有するための記録である。

Q769 ☑ ☑ 言い換えとは、クライエントの話した内容を違う言葉や主張を明確化した言葉で返す技法である。

Q770 ☑ ☑ 波長合わせとは、支援者のペースについてこれるように、グループワークへ参加するクライエントに精神的成長を促すことである。

Q771 ☑ ☑ 感情の反映とは、今ここでクライエントが経験している感情を受容し、適切に言語化し伝える技法である。

Q772 ☑ ☑ 繰り返しとは、クライエントの言葉を正確に復唱することで齟齬を招かないようにする技法である。

Q773 ☑ ☑ 利用者が黙り込んだので、感情を整理する時間と考え、反応を待つことを、沈黙という。

Q774 ☑ ☑ ファミリーマップでは、3世代以上の家族にわたって見られる関係性の特徴や問題の連鎖が把握できる。

A767 **✕** 面接技法の中で、精神保健福祉士がクライエントの話した内容の矛盾点を見定めて指摘することを［直面化（confrontation）］という。

A768 **✕** 要約とは、クライエントの言動を整理して相手に伝えることで、［面接が円滑に効率的に進むようにする］技法である。

A769 **○** ［言い換え］とは、クライエントの話した内容を違う言葉や主張を明確化した言葉で返す技法で、［パラフレージング］という。

A770 **✕** 波長合わせとは、グループワークに参加するクライエントの考えなどを［あらかじめ理解］し、実施時に［共感できるよう準備］することである。

A771 **○** ［感情の反映］とは、クライエントが経験している感情を受容し、適切に言語化し伝える技法であり、自身の感情に向き合い、安心して［感情表現］ができるようになることが期待される。

A772 **✕** 繰り返しとは、クライエントにとって重要な言葉や主訴を［クライエントの言葉で返す］ことで傾聴を示す技法で、自己理解の深化が期待できる。

A773 **○** 利用者が黙り込んだので、感情を整理する時間と考え、反応を待つことを、［沈黙］という。自身の考えを整理したりするための時間を許すために行う［沈黙］は重要な面接技法である。

A774 **✕** ［ジェノグラム］では、3世代以上の家族にわたって見られる関係性の特徴や問題の連鎖が把握できる。

5

精神保健福祉の理論と相談援助の展開②

Q775
☑ ☑
エコマップは、ライフイベントなどを記載するもので、時間軸で利用者の変化を把握できる。

Q776
☑ ☑
ソシオグラムでは、利用者が属する集団の人間関係あるいは集団構造が把握できる。

Q777
☑ ☑
ジェノグラムでは、家族成員間の相互交流に見られる力関係や問題状況が把握できる。

Q778
☑ ☑
精神保健福祉士は、取り扱う相談記録に関して、記録の内容についての責任を持ち、管理は所属機関の事務部門に一任する。

Q779
☑ ☑
相談記録は、利用者のプライバシー保護の観点から、閲覧は個別担当者に限定する。

Q780
☑ ☑
相談記録は、客観的事実と専門職としての判断について、それぞれの観点から記述する。

Q781
☑ ☑
利用者のライフイベントの記録には、逐語記録が効果的である。

Q782
☑ ☑
コーピングとは、収集したデータを分類することである。

Q783
☑ ☑
モデリングとは、行動療法や社会生活技能訓練でも用いられる観察学習のことである。

A775　✗　[エコマップ] とは生態地図とも呼ばれ、支援対象のクライエントや家族を中心として関係者や関係機関とのつながりを図式化したものである。問題文は [タイムライン] についての説明である。

A776　○　[ソシオグラム] では、利用者が属する集団の人間関係あるいは集団構造が把握できる。

A777　✗　[ファミリーマップ] では、家族成員間の相互交流に見られる力関係や問題状況が把握できる。

A778　✗　精神保健福祉士は、取り扱う相談記録に関して、記録の [内容] だけではなく、その [管理] についても責任を負うこととなる。

A779　✗　相談記録は、利用者の [プライバシー保護] の観点から、支援の状況に応じて [どこまで閲覧を認めるのか] を考えるべきである。始めから個別担当者に限定するべきではない。

A780　○　相談記録は、他者が読むことを前提に、[客観的事実] と [専門的判断] が明確にわかるような文章にすることが求められる。

A781　✗　利用者のライフイベントのように広範囲にわたる記録には、[タイムライン] 等が効果的である。[逐語記録] は、面接等の内容を記載する際に適している。

A782　✗　コーピングとは、ストレスが感じられる場合に、[適切に処理してストレス反応に少しでも対処しようとする過程] のことである。

A783　○　モデリングとは、対象物を見本に動作や行動をまねる [観察学習] のことである。

5

精神保健福祉の理論と相談援助の展開②

225

Q784
☑ ☑
シェイピングとは、オペラント条件付けや社会生活技能訓練（SST）などの認知行動療法で用いられる技法である。

Q785
☑ ☑
シェアリングとは、自助グループなどで用いられる体験の分かち合いのことである。

Q786
☑ ☑
リフレーミングとは、クライエントの発言に対して、支援者の意図を全く加えず、そのまま返すことである。

4 地域移行の対象及び支援体制

Q787
☑ ☑
保健所法が地域保健法に改正（1994（平成6）年）され、保健所に精神障害者の退院促進にかかる業務を義務づけた。

Q788
☑ ☑
精神保健福祉士は、他職種・他機関の専門性と価値を尊重し、相互に干渉せず、お互いに役割を果たすことが重要である。

Q789
☑ ☑
精神科訪問看護は、保健師、看護師、作業療法士等と複数で訪問した場合に限って精神保健福祉士も算定できる。

> 🐱 **参考** 地域移行に関する支援体制
>
> 地域移行支援体制は、精神障害者に限定されていない。よって「地域相談支援」「精神障害者にも対応した地域包括ケアシステム」「重層的支援体制整備事業」についても整理しておこう。

A784　○　シェイピングとは、細かい達成目標を設定し、[徐々に目標行動の達成に近づけていく] 療法で、オペラント条件付けや社会生活技能訓練（SST）などの認知行動療法で用いられる。

A785　○　シェアリングとは、それぞれが感じたことなどをグループで [語り合い、体験を共有] することをいう。

A786　✕　リフレーミングとは、ある状況や考えなどに対し、支援者が違う角度から視ることで、[新しい意味づけ] を行い、クライエントに伝える面接技法のことである。

A787　✕　改正地域保健法（1994（平成6）年）では、精神障害者の退院及び社会復帰を目指すため、必要なサービスの [整備] 及び資源の [開発] 等を保健所等に求めているが、退院促進を義務づけてはいない。退院促進については2004（平成16）年9月の [精神保健福祉施策の改革ビジョン] において、「入院医療中心から地域生活中心へ」という基本理念が示された。

A788　✕　精神保健福祉士は、業務の遂行にあたって、多職種、他機関との [連携] を密にする必要があるとされている（精神保健福祉士法41条1項）。

A789　✕　精神科訪問看護は、訪問した [職種] ごとに区分されており、精神保健福祉士単独でも [算定できる]。

Q790 「心神喪失者等医療観察法」に基づく指定入院医療機関に入院中の対象者については、生活環境の調整は退院に向けては社会復帰調整官が担い、退院後は地域体制整備コーディネーターが担う。

☑ ☑

Q791 退院後生活環境相談員は退院に向けた意欲の喚起や相談支援を行う。

☑ ☑

Q792 退院後生活環境相談員は退院日が決まった段階で、地域援助事業者に支援を依頼する。

☑ ☑

Q793 退院後生活環境相談員は地域相談支援の利用に当たり、地域移行支援計画を作成する。

☑ ☑

Q794 包括的地域生活支援（ACT）モデルでは、精神保健福祉士が生活支援、看護師が服薬支援を行うなど、役割を明確にしている。

☑ ☑

Q795 ACTモデルは、すべての精神障害者を対象とした支援プログラムである。

☑ ☑

Q796 ACTモデルでは、ゲートキーピング（門番機能）は不要である。

☑ ☑

Q797 ACTモデルでは、家事援助、対人関係援助、健康増進、就労支援などの生活支援スキルを活用する。

☑ ☑

Q798 ACTモデルでは、援助には期限を設定している。

☑ ☑

A790　✕　「心神喪失者等医療観察法」に基づく指定入院医療機関に入院中の対象者について、生活環境の調整は［社会復帰調整官］が一貫して対応する。

A791　○　［退院後生活環境相談員］は退院に向けた意欲の喚起や相談支援を行う。

A792　✕　退院後生活環境相談員は、医療保護入院者又はその家族等から求めがあった場合、退院後に利用するサービスについて［退院前］から相談に応じ必要な情報提供等を行う［相談支援事業者］等の紹介に努め、それらと連携し、退院促進のための体制の整備を行うこととされている。

A793　✕　地域移行支援計画を作成するのは、［相談支援専門員］である。

A794　✕　包括的地域生活支援（ACT）モデルでは、チームが［職種を超えた支援］を行うということで、［超職種］チームとも呼ばれる。

A795　✕　ACTモデルは、［重度精神障害者］を対象とした支援プログラムである。

A796　✕　ACTモデルでは、ゲートキーピング（門番機能）は［必要］である。ACTの対象とならない人を適切なサービスにつなげることが重要である。

A797　○　ACTモデルでは、家事援助、対人関係援助、健康増進、就労支援などの［生活支援スキル］を活用する。

A798　✕　ACTモデルでは、援助に期限は［設定されていない］。

5

精神保健福祉の理論と相談援助の展開②

Q799 ACTには、危機介入、リハビリテーション、家族支援などのサービスがある。
☑ ☑

Q800 ACTでは、チームスタッフ1人当たりの対象者数は、10名以下とされている。
☑ ☑

Q801 精神保健福祉ボランティアは、市民に精神障害についての正しい情報を知らせる。
☑ ☑

Q802 精神保健福祉ボランティアは、精神障害者の地域における交流の機会を増やす。
☑ ☑

Q803 精神保健福祉ボランティアは、学んだ知識を活用して、精神障害者の職場を開拓する。
☑ ☑

Q804 公認心理師は、臨床心理士とも呼ばれる業務独占の国家資格である。
☑ ☑

5 精神障害者のケアマネジメント

Q805 利用者に社会資源をあっせんし、双方を結び付ける機能を中心とするケアマネジメント類型を、ストレングス型モデルという。
☑ ☑

Q806 多職種による訪問支援チームが、24時間対応をするケアマネジメント類型を集中型モデルという。
☑ ☑

A799 ○ ACTには、[危機介入]、[リハビリテーション]、[家族支援] などのサービスがある。

A800 ○ ACTでは、チームスタッフ1人当たりの対象者数は [10] 名までとされている。

A801 ○ 精神保健福祉ボランティアが、[地域住民] の立場から、精神障害に対する [正しい理解] を広めることは重要な役割である。

A802 ○ 社会参加を支援する上で、精神障害者の [地域交流] の機会を増やすことは、精神保健福祉ボランティアの重要な役割である。

A803 ✕ 精神保健福祉ボランティアの役割に、精神障害者の職場の開拓は [含まれない]。自身の職場内において、精神障害についての理解を促進させることは、期待される役割である。

A804 ✕ 公認心理師は、[名称独占] の国家資格であり、臨床心理士は [認定資格] である。

A805 ✕ 利用者に社会資源をあっせんし、双方を結び付ける機能を中心とするケアマネジメント類型を、[仲介（ブローカー）] 型モデルという。

A806 ○ 多職種による訪問支援チームが、24時間対応をするケアマネジメント類型を、[集中] 型モデルや [統合] 型モデルという。

Q807
☑ ☑
利用者との個別の治療関係に基づき、心理的アプローチを重視するケアマネジメント類型を、リハビリテーション型モデルという。

Q808
☑ ☑
環境調整を行いながら、能力障害に焦点を当て、生活技能の獲得を支援するケアマネジメント類型を、臨床型モデルという。

Q809
☑ ☑
利用者とその環境の潜在能力を引き出し、セルフケア能力を高めるケアマネジメント類型を、仲介型モデルという。

Q810
☑ ☑
ケアマネジメントにおけるチームアプローチでは、構成員は独自に立てた計画に基づき、専門性を発揮する。

Q811
☑ ☑
ストレングスモデルのケアマネジメントでは、精神保健福祉士は利用者のストレングスの促進につながるように、ケアマネジメント過程の全体を監督する。

Q812
☑ ☑
ストレングスモデルのケアマネジメントでは、精神保健福祉士と利用者とのリレーションシップが、このモデルの根本となるものと考えられている。

Q813
☑ ☑
ケアマネジメントのチームアプローチでは、チームの機動性を高めるために、核となる構成員の人数を必要最小限にする。

Q814
☑ ☑
ケアマネジメントにおけるチームアプローチでは、プライバシー保護に配慮した上で、情報の共有化を図る。

A807　✕　利用者との個別の治療関係に基づき、心理的ア
プローチを重視するケアマネジメント類型を、
[臨床] 型モデルという。

A808　✕　環境調整を行いながら、能力障害に焦点を当て、
生活技能の獲得を支援するケアマネジメント類
型を、[リハビリテーション] 型モデルという。

A809　✕　利用者とその環境の潜在能力を引き出し、セル
フケア能力を高めるケアマネジメント類型を、
[ストレングス] 型モデルという。

A810　✕　ケアマネジメントにおけるチームアプローチで
は、独自に立てた計画に基づくのではなく、各
専門職が [目標を共有] し、[連携して対応] す
ることが必須である。

A811　✕　ストレングスモデルのケアマネジメントでは、
[利用者] は、[自身] のストレングスの促進に
つながるように支援過程の監督者となる。

A812　○　ストレングスモデルのケアマネジメントでは、
精神保健福祉士と利用者との [リレーション
シップ] が、このモデルの根本となるものと考
えられている。[リレーションシップ] とは、結
び付き、つながりを意味するものである。

A813　○　ケアマネジメントでは [臨機応変] な対応が求
められるため、チームアプローチでは、チーム
の機動性を高めるために、核となる構成員の人
数を [必要最小限] にする。

A814　○　ケアマネジメントにおけるチームアプローチで
は、利用者に対して適切なケアを提供するため
に、プライバシー保護に配慮した上で [情報の
共有化] を図る。

Q815
☑ ☑
ケアマネジメントでは、トリアージによって、緊急性の高い問題が生じている人から支援を開始する。

Q816
☑ ☑
ケアマネジメントにおいて、支援を必要としている人を発見するために、地域のネットワークを活用する。

Q817
☑ ☑
ケアマネジメントにおいて、病状の程度をもとに支援計画のゴールを設定する。

Q818
☑ ☑
ケアマネジメントにおいて、アセスメントは主観を排して客観的な事実をもとに行う。

Q819
☑ ☑
利用者が、十分に回復したわけではないが、サービスの利用を調整できるようになれば、障害者ケアマネジメントを終結する状況になったといえる。

Q820
☑ ☑
ケアマネジメントでは、家族や関係者の抱える負担の解決を一義的な目的とする。

Q821
☑ ☑
ケアマネジメントでは、利用契約を結んだ上で、利用同意の説明を丁寧に行う。

Q822
☑ ☑
ケアマネジメントでは、本人の了解を得て、必要に応じてボランティアと情報共有を図る。

A815 ✕ ケアマネジメントでは、生じている問題の重さにかかわらず [緊急性の高くない] 人を対象とする。緊急性が高い場合、ケアマネジメントではなく、[危機介入アプローチ] を行うことが求められる。[トリアージ] とは、災害時などに行う負傷者の治療優先順位を決めることである。

A816 ◯ ケアマネジメントにおいて、支援を必要としている人を発見するために、地域の [ネットワーク] を活用する。[インフォーマル] な資源を活用することも重要である。

A817 ✕ ケアマネジメントにおける支援計画のゴールは、病状の程度ではなく、[本人の希望] をもとに設定される。

A818 ✕ ケアマネジメントにおけるアセスメントでは、客観的事実だけでなく、利用者や家族の [主観的希望] についても評価することを検討する。

A819 ✕ ケアマネジメントの終結の判断については、利用者が十分回復し、ケアマネジメントを [要しない] 状況になった場合に行われる。

A820 ✕ ケアマネジメントでは、[利用者] の抱える負担の解決を一義的な目的とする。

A821 ✕ ケアマネジメントでは、利用契約を [結ぶ前に]、利用同意の説明を丁寧に行う。

A822 ◯ ケアマネジメントでは、[本人の了解] を得て、必要に応じてボランティアとも情報共有を図り、問題解決に取り組んでいく。

出る！出る！

要点チェックポイント

 医療観察法

「医療観察法」の対象は、「心神喪失または心神耗弱の状態で重大な他害行為を行った人」が対象となり、すべての罪を犯した精神障害者が対象になるわけではない。ここでいう重大な他害行為とは、殺人、放火、強盗、強制性交等、強制わいせつ（以上未遂を含む）、傷害（軽微なものを除く）を指す

重大な他害行為を行った場合に「医療観察法」の対象となる者

1. 心神喪失者または心神耗弱者と認められて不起訴処分となった人
2. 心神喪失を理由として無罪の裁判が確定した人
3. 心神耗弱を理由として刑を減軽する旨の裁判が確定した人（実刑となる人は除く）

「医療観察法」にかかわる専門職

専門職	役割	条件
社会復帰調整官	退院地の選定・確保のための調整、退院地での処遇実施体制の整備、処遇実施計画の作成及び見直し、精神保健観察の実施、ケア会議の実施等、精神障害者の社会復帰支援等に従事する	精神保健福祉士その他政令で定められたもの（保護観察所職員）
精神保健参与員	審判において、裁判官と精神保健審判員の合議体からの求めに応じて、意見を述べる	地方裁判所が、厚生労働大臣があらかじめ作成した精神障害者の保健及び福祉に関する専門的知識及び技術を有する精神保健福祉士等の名簿の中から、事件ごとに指定する
精神保健審判員	医療観察法に基づく医療・観察の要否を、裁判官と合議して決定する精神科医	地方裁判所が、厚生労働大臣があらかじめ作成した精神保健判定医の名簿の中から事件ごとに任命する

入院形態

	対象	制約
措置入院	自傷他害のおそれのある精神障害者で都道府県知事もしくは政令指定都市市長の権限によって強制的に入院させる場合	精神保健指定医2名以上の診察が必要
緊急措置入院	自傷他害のおそれのある精神障害者で、かつ緊急でやむを得ない場合	精神保健指定医1名の診察で72時間まで
医療保護入院	医療保護入院の必要性があると判断され、かつ家族等の同意が得られた場合	精神保健指定医の診察が必要。特定医師による場合は12時間まで
任意入院	精神障害者本人の同意がある場合	
応急入院	家族等の同意が取れない状況で、かつ急を要する場合	精神保健指定医による診察で72時間まで応急入院指定病院に入院可能。特定医師による場合は12時間まで

 精神医療審査会

精神医療審査会は、精神保健福祉センターに事務局を置く機関である。委員の任期は2年（2年以上3年以下で都道府県が条例で定める場合はその期間）とされ、①精神障害者の医療に関し学識経験を有する者（精神保健指定医に限る）、②法律に関する学識経験者、③精神障害者の保健または福祉に関し学識経験を有する者について、都道府県知事が任命する

業務内容	・精神科を有する病院の医療保護入院者の入院届、定期病状報告書の審査 ・退院・処遇改善請求の審査
合議体の構成 （合議体数は都道府県によって異なる）	・精神保健指定医：2名 ・法律に関する学識経験者：1名 ・精神障害者の保健または福祉に関し学識経験を有する者：1名 ｝以上の5名で構成

1 精神保健福祉法の意義と内容

Q823
☑ ☑
精神保健福祉法における精神障害者とは、統合失調症、精神作用物質による急性中毒またはその依存症、精神病質、気分障害を有する者をいう。

Q824
☑ ☑
精神保健福祉法では、国民は精神障害者が自立と社会経済活動への参加をしようとする努力に対し、協力するように努めなければならないと定めている。

Q825
☑ ☑
都道府県は、精神保健及び精神障害者の福祉に関する事項を調査審議させるため、地方精神保健福祉審議会を置かなければならない。

Q826
☑ ☑
精神医療審査会の合議体は、精神障害者の医療に関する学識経験者2名、法律に関する学識経験者1名、精神障害者の保健または福祉に関する学識経験者1名の4名によって構成される。

Q827
☑ ☑
精神医療審査会では、電話等による口頭での退院請求は認められず、書面による請求が必要である。

Q828
☑ ☑
精神医療審査会の事務局は、迅速性、責任性の確保のために各都道府県の精神保健福祉主管部局に置かれている。

Q829
☑ ☑
精神医療審査会の医療委員は、意見聴取の際に診察を行うことはできないが、カルテ開示を求め主治医から意見を聴くことができる。

A823　✕　精神保健福祉法における精神障害者とは、統合失調症、精神作用物質による急性中毒またはその依存症、[知的障害] その他の精神疾患を有する者をいう（5条）。

A824　○　精神保健福祉法3条（国民の義務）において、「[国民] は、精神的健康の保持及び増進に努めるとともに、精神障害者に対する理解を深め、及び精神障害者がその障害を克服して社会復帰をし、自立と社会経済活動への参加をしようとする努力に対し、協力するように努めなければならない」と定めている。

A825　✕　都道府県は、条例で地方精神保健福祉審議会を [置くことができる]。

A826　✕　精神医療審査会の合議体は、精神障害者の医療に関する学識経験者2名以上、法律に関する学識経験者1名以上、精神障害者の保健または福祉に関する学識経験者1名以上の [5] 名によって構成される。

A827　✕　精神医療審査会では、やむを得ない事情がある場合は電話等による口頭での退院請求も [認められている]。

A828　✕　精神医療審査会の事務局は、[精神保健福祉センター] に置かれている。

A829　✕　精神医療審査会において、意見聴取を行う際は、[2] 名以上の審査会委員で行い、そのうち1名は [医療委員] である必要がある。[医療委員] は、当該患者の同意を得た上で診察することが [可能である]。

6

精神保健福祉に関する制度とサービス

Q830
☑ ☑
精神医療審査会の合議体数は、各都道府県の精神病床数に比例して決められている。

Q831
☑ ☑
精神医療審査会は、都道府県が行う精神科病院の実地指導と連携することができる。

Q832
☑ ☑
精神医療審査会において個別の審査の案件については、合議体において決定された審査結果をもって、精神医療審査会としての審査結果となる。

Q833
☑ ☑
精神医療審査会において、当該審査に係る入院中の者の医療機関に勤務する医師であっても、その主治医でない場合は、委員として審査に係る議事に参加できる。

Q834
☑ ☑
精神科医療機関に勤務する精神保健福祉士については、精神障害者の医療に関する学識経験者として精神医療審査会の委員に任命することができる。

Q835
☑ ☑
精神医療審査会の委員の任命は、都道府県知事からの申請をもとに厚生労働大臣が行う。

Q836
☑ ☑
精神医療審査会は、医療保護入院者の入院届の審査を行う。

Q837
☑ ☑
医療保護入院や措置入院となっている患者から知事に退院請求があった場合、精神医療審査会が請求についての審査を行うこととされている。

Q838
☑ ☑
精神医療審査会の決定に不服がある場合は、上級審査機関に審査請求することができる。

A830　✕　精神医療審査会の合議体数は、精神病床数によって決められるのではなく、請求の審査が迅速かつ適切に行われるために必要な数の設置と定められているため、[都道府県] によって異なる。

A831　○　精神医療審査会は、都道府県が行う精神科病院の [実地指導] と連携できる。都道府県は、精神医療審査会の [医療委員] に対して [実地指導] への同行を求めることになっている。

A832　○　精神医療審査会において個別の審査の案件については、合議体において決定された審査結果をもって、[精神医療審査会] としての審査結果となり、他の合議体での審議等は [不要] である。

A833　✕　精神医療審査会では、[関係者の排除] の規定によって、[当該医療機関] の医師等は委員として審査に参加することはできない。

A834　✕　精神保健福祉士は、精神障害者の [保健及び福祉] に関し学識経験を有する者として精神医療審査会の委員に任命されることはあるが、精神障害者の医療に関する学識者として任命されるのは [精神保健指定医] のみである。

A835　✕　精神医療審査会は [都道府県] に設置された機関であり、委員の任命は [都道府県知事] によって行われる。

A836　○　[精神医療審査会] は、医療保護入院者の入院届の審査を行う。

A837　○　医療保護入院や措置入院となっている患者から知事に退院請求があった場合、[精神医療審査会] が請求についての審査を行うこととされている。

A838　✕　精神医療審査会の決定事項に対する上級審査機関は [ない]。

6 精神保健福祉に関する制度とサービス

Q839 ☑ ☑
精神医療審査会は退院等の請求を受けて、精神科病院の管理者に対し、退院や処遇改善を命じることができる。

Q840 ☑ ☑
精神医療審査会における退院等の請求では、同一内容の請求が頻繁にある場合、すべて意見聴取を行うこととされている。

Q841 ☑ ☑
精神保健指定医の資格は、5年以上診断または治療に従事した経験を有することで得られる。

Q842 ☑ ☑
精神保健指定医が、任意入院者の退院請求に対して入院継続の必要性を判定する業務は、公務員としての業務にあたる。

Q843 ☑ ☑
精神科病院では、主治医の許可を受けることによって、面会は自由に行うことができる。

Q844 ☑ ☑
精神科病院に入院している精神障害者の通信・面会に関して、信書を受信した際、手紙に刃物や薬物等の異物が同封されていると判断される場合は、病院側で開封し、その旨を診療録に記載する。

Q845 ☑ ☑
精神科病院で電話を制限した場合、その理由を診療録に記載して、適切な時点で患者と保護者にその旨と理由を知らせるものとする。

Q846 ☑ ☑
精神科病院に入院している精神障害者の家族からの手紙が患者の治療効果を妨げることが考えられる場合、あらかじめ家族と十分連絡を保って手紙を控えさせたり、主治医あてに発信させたりする等の方法に努めるものとする。

A839　✕　精神科病院の管理者に対し、退院や処遇改善の命令を出せるのは［都道府県知事］である。

. . . .

A840　✕　精神医療審査会における退院等の請求で、同一内容の請求が頻繁にある場合は、すべて意見聴取を［する必要はない］。

. . . .

A841　✕　精神保健指定医になるには、5年以上の［診断または治療］かつ3年以上の［精神科実務経験］ほか、ケースレポートの提出、研修等の要件を満たす必要がある。

. . . .

A842　✕　精神保健指定医の公務員としての業務は、［措置入院・緊急措置入院］の判定、移送を行うにあたっての［行動制限］の必要性についての判定等であり、設問の行為は公務員としての業務［ではない］。

. . . .

A843　✕　精神科病院では、［管理者］によって制限を受けている場合、主治医の許可があっても面会を自由に行うことはできない。

. . . .

A844　✕　精神科病院に入院している精神障害者の通信・面会に関して、手紙に刃物や薬物等の異物が同封されていると判断される場合は、［患者］にこれを開封させ、異物を取り除いた上で当該受信信書を渡す。

. . . .

A845　○　精神科病院で電話を制限した場合、その理由を［診療録］に記載して、適切な時点で患者と保護者にその旨と理由を知らせるものとする。

. . . .

A846　○　精神科病院に入院している精神障害者の家族からの手紙が患者の治療効果を［妨げること］が考えられる場合、あらかじめ家族と十分連絡を保って手紙を控えさせたり、主治医あてに発信させたりする等の方法に努めるものとする。

6　精神保健福祉に関する制度とサービス

Q847 ☑ ☑
精神科病院に入院している患者の保護のために必要な場合であっても、面会に病院の職員は立ち会えない。

Q848 ☑ ☑
精神科病院に入院中の者の身体的拘束を行う場合は、その理由、拘束を開始した日時、解除した日時を診療録に記載しなければならない。

Q849 ☑ ☑
任意入院者から退院請求があった場合、精神保健指定医が診察の結果、入院継続が必要だと認めた場合は、72時間に限り退院させないことができる。

Q850 ☑ ☑
患者を隔離する場合、隔離する時間の長さに関係なく、精神保健指定医の診察、判断が必要である。

Q851 ☑ ☑
本人の意思による場合でも、閉鎖的環境の部屋への入室は隔離である。

Q852 ☑ ☑
医療保護入院は、本人の同意がなくても、家族等のうちいずれかの者の同意に基づき行われる。

Q853 ☑ ☑
措置入院は、自傷他害のおそれがあると認めた場合、警察署長の権限により入院させることができる。

Q854 ☑ ☑
措置入院のための移送では、都道府県知事は当該の精神障害者に移送を行う旨を書面告知することを義務づけられている。

A847 × 患者は立ち会いなく面会できるようにするものとされている。ただし精神科病院に入院している患者もしくは面会者の希望のある場合または[医療もしくは保護のために特に必要がある]場合は、病院の職員が立ち会うことができる。

A848 ○ 精神科病院に入院中の者の身体的拘束を行う場合は、その理由、拘束を開始した日時、解除した日時を[診療録に記載]しなければならない。その他、[常時]の臨床的観察、頻回の[診察]を行い、所見を[署名]の上[診療録に記載]する必要がある。

A849 ○ 任意入院者から退院請求があった場合、精神保健指定医が診察の結果、入院継続が必要と認めた場合、[72]時間に限り退院させないことができる。

A850 × 患者の隔離において、[12]時間を超えない隔離については、[医師]による要否判断のみで可能であり、必ずしも精神保健指定医でなければならないわけではない。

A851 × 本人の意思によって閉鎖的環境の部屋へ入室する場合は、隔離には[該当しない]。

A852 ○ 医療保護入院は、本人の同意がなくても、[家族等]のうちいずれかの者の同意に基づき行われる。「家族等」とは配偶者、親権者、扶養義務者、後見人または保佐人。該当者がいない場合等は、[市町村長]の同意が必要である。

A853 × 自傷他害のおそれがあると認めた場合、[都道府県知事]による命令により措置入院をさせることができる。

A854 ○ 措置入院のための移送では、[都道府県知事]は当該の精神障害者に移送を行う旨を[書面告知]することを義務づけられている。

6

精神保健福祉に関する制度とサービス

Q855 ☑ ☑
精神障害者が自傷他害のおそれがあると2名以上の精神保健指定医が診断した場合、精神科病院の管理者の権限で措置入院を行うことができる。

Q856 ☑ ☑
「医療観察法」における地域処遇の実施期間中でも、精神保健福祉法の措置入院になる場合がある。

Q857 ☑ ☑
精神障害者またはその疑いのある者を知った者は、誰でも診察及び必要な保護を所管する市町村長に申請することができる。

Q858 ☑ ☑
警察官は、自傷他害のおそれがある精神障害者を保護したとき、直ちに、精神科病院に搬送することが義務づけられている。

Q859 ☑ ☑
措置入院において、都道府県知事は、現に本人の保護の任にあたっている者がある場合には、あらかじめ診察の日時及び場所を、その者に通知しなければならない。

Q860 ☑ ☑
緊急措置入院の場合、急速を要することから精神保健指定医ではない精神科医が判断してもよい。

Q861 ☑ ☑
緊急その他やむを得ない理由がある場合、特定医師は精神障害者本人の同意がなくても、12時間に限り医療及び保護のために本人を入院させることができる。

Q862 ☑ ☑
任意入院による入院が6か月継続した場合、及びそれ以後は1年ごとに、患者から入院継続の同意書を取らなければならない。

A855 ✕ 精神障害者が自傷他害のおそれがあると2名以上の精神保健指定医が診断した場合、[都道府県知事] または [指定都市市長] の権限で措置入院を行うことができる。

. . . .

A856 ○ 本人の病状の変化等により緊急に医療が必要となった場合、[精神保健福祉] 法に基づく措置入院を適切に行い、一定期間、病状の改善状況を確認するなどの対応が取られる。

. . . .

A857 ✕ 精神障害者またはその疑いのある者を知った者は、誰でも、その者について指定医の診察及び必要な保護を [都道府県知事] に申請することができる。

. . . .

A858 ✕ 警察官は、自傷他害のおそれがあると認められる者を [発見] したときは、直ちに、その旨を、最寄りの [保健所長] を経て [都道府県知事] に [通報] しなければならない。

. . . .

A859 ○ 措置入院において、都道府県知事は、あらかじめ家族等の他、現に本人の保護の任にあたっている者に診察の日時及び場所を [通知] しなければならない。また、その者は、措置入院にかかわる [診察] に立ち会うことができる。

. . . .

A860 ✕ 緊急措置入院の場合は、[精神保健指定医] 1名の診察で [72] 時間まで入院させることができる。なお、措置入院、緊急措置入院は特定医師による診察では認められない。

. . . .

A861 ○ [応急] 入院もしくは [医療保護] 入院において、緊急その他やむを得ない場合は、精神障害者本人の同意がなくても、特定医師による診断で医療及び保護のために [12] 時間を限度として入院させることができる。

. . . .

A862 ✕ 任意入院による入院が [1] 年継続した場合、及びそれ以後は [2] 年ごとに、患者から入院継続の同意書を取らなければならない。

6

精神保健福祉に関する制度とサービス

Q863 ☑ ☑ 精神保健福祉相談員は精神保健福祉法に規定されている。

Q864 ☑ ☑ 相談支援専門員は精神保健福祉法に規定されている。

Q865 ☑ ☑ 厚生労働大臣は精神障害の状態がなくなったと認めるときは、精神障害者保健福祉手帳の返還を命じることができる。

Q866 ☑ ☑ 精神障害者保健福祉手帳は、家族、精神保健福祉士ほか医療機関職員等が、申請手続を代行することができる。

Q867 ☑ ☑ 精神障害者保健福祉手帳の申請には、精神障害に係る初診日から1年6か月経過した日以降の診断書が必要である。

Q868 ☑ ☑ 精神障害者保健福祉手帳の申請に伴う診断書は、精神保健指定医による作成が必要である。

Q869 ☑ ☑ 精神障害者保健福祉手帳の有効期間は2年であるが、その間でも精神障害の状態が変わった場合、障害等級変更の申請を行うことができる。

Q870 ☑ ☑ 精神障害者保健福祉手帳の申請は、申請者の居住地を管轄する市町村を窓口とする。

A863　○　精神保健福祉相談員は［精神保健福祉］法に規定されている。

A864　✕　相談支援専門員は［障害者総合支援］法に規定されている。

A865　✕　［都道府県知事］は精神障害の状態がなくなったと認めるときは、精神障害者保健福祉手帳の返還を命じることができる。

A866　○　［精神障害者保健福祉手帳］の交付申請は、原則［本人］が行うものとされているが、家族、精神保健福祉士ほか医療機関職員等が、申請手続を代行することも認められている。

A867　✕　精神障害者保健福祉手帳の申請には、精神障害に係る初診日から［6か月］経過した日以降の診断書、もしくは、精神障害を支給事由とした障害年金証書等の写しが必要である。ただし、障害年金の申請では、初診日から［1年6か月］の経過が必要である。

A868　✕　精神障害者保健福祉手帳の申請に伴う診断書は、［精神保健指定医］その他［精神障害の診断または治療に従事する医師］が記載することとなっており、精神保健指定医である必要はない。

A869　○　精神障害者保健福祉手帳の有効期間は［2］年であるが、有効期間中に精神障害の状態が変わった場合、［障害等級変更］の申請を行うことができる。また精神障害の状況がなくなった場合には、手帳を［返還］をしなければならない。

A870　○　精神障害者保健福祉手帳の申請は、申請者の居住地を管轄する［市町村］を窓口とし、その判定は都道府県、指定都市の［精神保健福祉センター］で行われる。

6 精神保健福祉に関する制度とサービス

Q871
☑ ☑
地域援助事業者は精神科病院の管理者が選任し、医療保護入院者の退院に向けた相談支援を担う。

Q872
☑ ☑
退院後生活環境相談員は、精神科病院を所管する都道府県知事が配置義務を負う。

Q873
☑ ☑
退院後生活環境相談員は、退院後からかかわり、生活環境を調整する。

Q874
☑ ☑
退院後生活環境相談員は、担当する患者数の目安が決められている。

2 精神障害者の福祉制度の概要と福祉サービス

Q875
☑ ☑
障害者基本法において、「発達障害」は知的障害に含むとされている。

Q876
☑ ☑
障害者基本法における「社会的障壁」とは、偏見のみを指す。

Q877
☑ ☑
障害者基本法では、「障害者に対する虐待の禁止」が規定されている。

Q878
☑ ☑
障害者基本法には、施策の総合的かつ計画的な推進を図る目的で障害福祉計画が規定されている。

A871　✕　［退院後生活環境相談員］は精神科病院の管理者が選任し、医療保護入院者の退院に向けた相談支援を担う。

A872　✕　退院後生活環境相談員の配置義務があるのは、［病院の管理者］である。

A873　✕　退院後生活環境相談員は、［入院］時から退院に向けた支援を行う。

A874　○　退院後生活環境相談員は1人につき、おおむね［50］人以下の医療保護入院者を担当する。

A875　✕　2011（平成23）年の障害者基本法改正で、発達障害は［精神障害］に含むとされた（2条）。

A876　✕　2011（平成23）年の障害者基本法改正で、障害の定義に「社会的障壁」が加わった。2条2号に「障害がある者にとつて日常生活又は社会生活を営む上で障壁となるような社会における事物、制度、慣行、観念その他一切のものをいう」と規定されている。

A877　✕　「障害者に対する虐待の禁止」については、「［障害者虐待防止］法」に規定されている。

A878　✕　障害福祉計画について規定しているのは、「［障害者総合支援］法」である。障害者基本法が規定しているのは、［障害者基本計画］である。

6　精神保健福祉に関する制度とサービス

Q879 障害者基本法には、都道府県障害者計画に関する合議制の機関の設置が規定されている。
☑ ☑

Q880 障害者基本法には、都道府県障害者権利擁護センターの業務が規定されている。
☑ ☑

Q881 障害者基本法には、判断能力に不安がある人の日常的な金銭管理を支援する事業が規定されている。
☑ ☑

Q882 障害者基本法には、障害の定義に治療方法が確立していない疾病を含むことが明記されている。
☑ ☑

Q883 障害者基本法では、障害者の日を設けることが規定されている。
☑ ☑

Q884 障害者政策委員会は障害者基本法に規定されている。
☑ ☑

Q885 「障害者総合支援法」の介護給付のサービスを利用する場合、利用者負担はかからない。
☑ ☑

Q886 「障害者総合支援法」の自立支援給付費は、国が原則として3分の1を負担する。
☑ ☑

Q887 「障害者総合支援法」において、精神障害者も移動支援事業の支給対象とされている。
☑ ☑

Q888 「障害者総合支援法」において、地域活動支援センターは、都道府県が実施しなければならない必須の事業である。
☑ ☑

A879　○　障害者基本法には、都道府県障害者計画に関する［合議制の機関］の設置が規定されている。

A880　×　［障害者虐待防止］法には、都道府県障害者権利擁護センターの業務が規定されている。

A881　×　判断能力に不安がある人の日常的な金銭管理の支援は、［日常生活自立支援事業］によるものである。

A882　×　難病患者を障害者として規定しているのは「［障害者総合支援］法」である。

A883　×　障害者の日は、2004（平成16）年の法改正で［障害者週間］（12月3日から12月9日まで）となり、現在は残っていない。

A884　○　障害者政策委員会は障害者基本法33条で規定されており、障害者政策委員会の委員は、障害者、障害者の自立及び社会参加に関する事業に従事する者並びに学識経験のある者のうちから、［内閣総理大臣］が任命する。

A885　×　「障害者総合支援法」の介護給付のサービスを利用する場合、利用者負担は所得に応じて［4］つの区分に設定されている。

A886　×　「障害者総合支援法」の自立支援給付費は、国が原則として［2分の1］を、都道府県と市町村がそれぞれ［4分の1］を負担する。

A887　○　「障害者総合支援法」において、移動支援事業の支給対象は、［精神障害者］のほか、［身体障害者］、［知的障害者］、［障害児］とされている。

A888　×　「障害者総合支援法」の地域生活支援事業のうち、［地域活動支援センター機能強化事業］として［市町村］の必須事業と位置づけられている。

Q889 ☑ ☑
「障害者総合支援法」において、精神障害者に対する障害支援区分の認定には、精神障害者保健福祉手帳の障害等級が用いられる。

Q890 ☑ ☑
障害支援区分は5段階で認定される。

Q891 ☑ ☑
精神障害者は、「障害者総合支援法」による行動援護を、障害支援区分が区分1以上で利用できる。

Q892 ☑ ☑
介護給付を受ける場合は障害支援区分認定が必要となる。

Q893 ☑ ☑
障害支援区分認定の審査会は原則として都道府県に置かれている。

Q894 ☑ ☑
自立支援医療費の自己負担額は3割であるが、月当たりの上限額が設定され、軽減措置が設けられている。

Q895 ☑ ☑
自立支援医療（精神通院医療）に基づく治療を行うことのできる医療機関は、市町村長が指定した医療機関である。

Q896 ☑ ☑
自立支援医療（精神通院医療）の支給認定の有効期間は、申請受理日から3年以内の必要な期間である。

Q897 ☑ ☑
自立支援医療（精神通院医療）の支給認定の要否を判定するのは、障害支援区分認定審査会である。

A889 　✕　精神障害者保健福祉手帳の障害等級は、障害支援区分の認定に［用いられない］。

A890 　✕　障害支援区分は非該当、区分1〜6の［7］段階である。

A891 　✕　精神障害者が「障害者総合支援法」による行動援護を利用するには、障害支援区分が区分［3］以上で、障害支援区分の認定調査項目のうち行動関連項目等（12項目）の合計点数が［10］点以上必要である。

A892 　〇　介護給付を受ける場合は［障害支援区分］認定が必要となるが、［訓練等給付］のみを利用する場合は原則認定の必要はない。

A893 　✕　障害支援区分認定の審査会は原則として［市町村］に設置されている。その他、広域連合や一部事務組合等による設置も可能である。

A894 　✕　自立支援医療費の自己負担額は［1］割であるが、月当たりの上限額が設定され、軽減措置が設けられている。

A895 　✕　自立支援医療（精神通院医療）に基づく治療を行うことのできる医療機関は、［都道府県知事、指定都市市長］が指定した医療機関である。

A896 　✕　自立支援医療（精神通院医療）の支給認定の有効期間は、申請受理日から［1］年となっている。なお、更新手続は有効期間が切れる［3］か月前からである。

A897 　✕　自立支援医療（精神通院医療）の支給認定の要否を判定するのは、［精神保健福祉センター］である。

Q898 ☑ ☑ 「障害者総合支援法」における自立支援医療（精神通院医療）の支給認定の申請は、市町村に提出する。

Q899 ☑ ☑ 精神科デイケアを利用した場合の医療費は、「障害者総合支援法」に基づく自立支援医療の対象となる。

Q900 ☑ ☑ 地域活動支援センターⅠ型は、地域のボランティア育成や障害に対する理解促進を図るための普及啓発等の事業を実施する。

Q901 ☑ ☑ 地域活動支援センターⅠ型は、相談支援事業を併せて実施するか否かの判断を事業者に委ねている。

Q902 ☑ ☑ 地域活動支援センターⅢ型は、相談援助を行うために精神保健福祉士が必置である。

Q903 ☑ ☑ 福祉ホームは、「障害者総合支援法」に基づく自立支援給付に位置づけられている。

Q904 ☑ ☑ 一般相談支援業者の指定は市町村が行う。

Q905 ☑ ☑ 地域定着支援は、居宅において生活する障害者が対象となる。

Q906 ☑ ☑ 地域定着支援は訓練等給付に位置づけられている。

Q907 ☑ ☑ 指定特定相談支援事業者に支払われるのは、計画相談支援給付費である。

A898　○　「障害者総合支援法」における自立支援医療（精神通院医療）の支給認定の申請は、[市町村] に提出する。支給認定は [都道府県、指定都市] が行う。

A899　○　精神科デイケアを利用した場合の医療費は、「障害者総合支援法」に基づく [自立支援医療] の対象となる。ただし当該デイケアが [指定医療機関] である必要がある。

A900　○　地域活動支援センター [Ⅰ型] は、地域のボランティア育成や障害に対する理解促進を図るための普及啓発等の事業を実施することとなっている。

A901　×　地域活動支援センターⅠ型は、相談支援事業を併せて [実施] または [委託を受けていること] を要件とする。

A902　×　地域活動支援センターⅢ型に精神保健福祉士は必置 [ではない]。なお、地域活動支援センター[Ⅰ型] の配置基準では専門職員として精神保健福祉士等を配置することとなっている。

A903　×　福祉ホームは、「障害者総合支援法」に基づく [市町村地域生活支援事業] に位置づけられている。

A904　×　一般相談支援業者の指定は都道府県、指定都市、及び [中核市] が行う。なお、特定相談支援事業者の指定は市町村である。

A905　○　[地域定着支援] は、居宅において生活する障害者が対象となる。

A906　×　地域定着支援は、[相談支援事業] に位置づけられている。

A907　○　指定特定相談支援事業者に支払われるのは、[計画相談支援給付費] である。

6

精神保健福祉に関する制度とサービス

Q908
☑ ☑
就労継続支援B型事業所に支給されるのは、介護給付費である。

Q909
☑ ☑
市町村特別給付は、「障害者総合支援法」にもとづき、市町村地域生活支援事業を行う事業者に支給される。

Q910
☑ ☑
基幹相談支援センターの役割として、精神障害者の地域での相談支援体制の強化に取り組むことがある。

Q911
☑ ☑
精神保健福祉士には、信用失墜行為の禁止の義務がある。

Q912
☑ ☑
精神保健福祉士は業務独占の国家資格である。

Q913
☑ ☑
発達障害者支援センターは、子ども・若者育成支援推進法に規定された機関である。

Q914
☑ ☑
発達障害者支援センターは、全国の市町村に設置されている。

Q915
☑ ☑
発達障害者支援センターは、発達障害についての研修を行う。

Q916
☑ ☑
発達障害者支援センターは、特別支援教育コーディネーターの配置が義務づけられている。

Q917
☑ ☑
知的障害の認められる発達障害者は、療育手帳の対象となっている。

A908　✕　就労継続支援Ｂ型事業所に支給されるのは、[訓練等給付費] である。[介護給付費] は、居宅介護などの介護系サービスに支払われる。

A909　✕　市町村特別給付は、[介護保険] 法において市町村が条例を定めて行う、法律に定められた [保険給付以外] の独自の給付である。

A910　〇　基幹相談支援センターの役割には、精神障害者の地域での相談支援体制の強化や、精神科病院への [地域移行] に向けた普及啓発などへの取り組みがある。

A911　〇　精神保健福祉士には、[信用失墜行為] の禁止の義務のほか、[秘密保持] 義務、[誠実] 義務などの義務規定がある。

A912　✕　精神保健福祉士は、[名称] 独占資格である。

A913　✕　発達障害者支援センターは、[発達障害者支援] 法に規定された機関である。

A914　✕　発達障害者支援センターは、[都道府県] または [都道府県が指定した法人] が設置することになっており、各都道府県及び指定都市に１～数か所設置されている。

A915　〇　発達障害者支援センターの機能の一つとして、[発達障害] についての情報の提供のほか、研修を行うとされている。

A916　✕　発達障害者支援センターには、特別支援教育コーディネーターの配置が義務づけ [られていない]。管理責任者のほか、相談支援、発達支援、就労支援の担当職員が配置される。

A917　〇　知的障害の認められる発達障害者は、[療育] 手帳の対象となっており、疾患によっては、[精神障害者保健福祉] 手帳の取得も可能である。

Q918
☑ ☑
判断能力が不十分な精神障害者であっても、日常生活自立支援事業の契約内容について判断し得る場合には、この事業を利用できる。

Q919
☑ ☑
判断能力が著しく不十分な精神障害者については、成年後見制度に規定する成年後見人を選任する。

3 精神障害者に関する社会保障制度の概要

Q920
☑ ☑
精神障害者保健福祉手帳の等級の判定基準と、障害年金の等級の判定基準は同じものである。

Q921
☑ ☑
障害年金の申請は、国民年金加入者の場合は年金事務所に行う。

Q922
☑ ☑
障害年金の受給において、初診日の前々日までに加入すべき期間の2分の1以上の保険料を納付することが、保険料の納付要件である。

Q923
☑ ☑
障害年金の保険料納付の直近1年要件とは、初診日の属する月の前々月までの1年間に保険料の滞納期間がないことを意味する。

Q924
☑ ☑
障害基礎年金には、障害の程度に応じ1級から3級までの等級が設けられている。

A918　○　判断能力が不十分な精神障害者であっても、[日常生活自立支援事業]の契約内容について判断し得る場合には、この事業を利用できる。

. . . .

A919　×　判断能力が著しく不十分な精神障害者については、成年後見制度に規定する[保佐人]を選任する。[成年後見人]が付く場合は、判断能力を欠く[常況]にある場合である。

6

精神保健福祉に関する制度とサービス

A920　×　精神障害者保健福祉手帳の等級の判定基準と、障害年金の等級の判断基準は[異なる]。ただし、障害年金受給者は、[年金証書]を提示することで障害年金の等級と同じ等級の精神障害者保健福祉手帳を取得できる。

. . . .

A921　×　国民年金加入者の場合は[住所地市町村]の[年金担当課]が障害年金の申請窓口になる(初診日が国民年金第3号被保険者期間中の場合は[年金事務所])。

. . . .

A922　×　障害年金受給のための保険料の納付要件は、[初診日](障害の原因となった傷病のために初めて医師の診察を受けた日)の[前日]において、初診日の属する月の[前々月]までの被保険者期間のうち保険料免除期間も含め[3分の2]以上の期間について保険料を納付していること、もしくは[直近1年要件]に該当することである。

. . . .

A923　○　障害年金の保険料納付の直近1年要件とは、[初診日]の属する月の[前々月]までの1年間に保険料の滞納期間がないことを指す。

. . . .

A924　×　[障害基礎]年金は、1級と2級のみで構成されている。[障害厚生]年金には、障害の程度に応じ1級から3級までの等級が設けられている。

261

Q925 ☑ ☑ 障害年金に該当するか否かを判断する上で重要となる障害認定日とは、原則として初診日から6か月を経過した日をいう。

Q926 ☑ ☑ 障害基礎年金を受給していた者が、老齢基礎年金を受給できる年齢に達した場合には、同時にこの2つの年金を受給することができる。

Q927 ☑ ☑ 障害認定日が満20歳になる前の場合は、障害年金を申請することはできない。

Q928 ☑ ☑ 障害認定日当時は、障害基礎年金の等級に該当しなかった場合であっても、その後、障害の程度が重くなれば、事後重症で申請する制度がある。

Q929 ☑ ☑ 特別障害給付金の対象は、1991（平成3）年以前に国民年金に加入対象であった学生で、任意加入していなかった時期に初診日があり現在障害基礎年金の1級、2級相当の者のみである。

Q930 ☑ ☑ 障害基礎年金は、特別障害給付金と同時に受給できる。

Q931 ☑ ☑ 厚生年金保険加入者で、障害厚生年金3級の障害よりやや程度の軽い障害が残ったときに障害手当金が支給される。

🐱 **参考** 無拠出の障害年金

年金加入の20歳前に初診日がある場合、無拠出の障害年金の請求をすることができる。障害評価は、20歳になったとき（障害認定日が20歳より後の場合はその日）に、障害の状況が障害等級に該当する場合は障害基礎年金を受給することができる。この場合、所得制限があることが、拠出障害年金とは異なる。

A925　✕　障害年金に該当するか否かを判断する上で重要となる［障害認定日］とは、初診日から［1年6か月］を経過した日をいう。もしくは1年6か月以内にその傷病が治った場合（症状が［固定］した場合）はその日である。

A926　✕　障害基礎年金と［老齢基礎］年金は併給することができない。障害基礎年金と［老齢厚生］年金の併給は可能である。

A927　✕　［障害認定日］が満20歳になる前の場合は、20歳の誕生日を［受給権発生日］として申請することが可能である。

A928　○　障害認定日当時は、障害基礎年金の等級に該当しなかった場合であっても、その後、障害の程度が重くなれば、［事後重症］で申請する制度がある。なお、［事後重症］は請求した日が受給権の発生日となるため、初診日からいくら経過していても遡っての受給はできない。

A929　✕　［特別障害給付金］の対象は、1991（平成3）年3月以前に国民年金に任意加入対象であった学生、及び［1986（昭和61）］年3月以前に国民年金任意加入対象であった被用者等の［配偶者］で、任意加入していなかった時期に初診日があり現在障害基礎年金の1級、2級相当の者である。ただし65歳に達する前日までに当該障害状態に該当した人に限られる。

A930　✕　特別障害給付金は、障害基礎年金の受給条件を［満たさない］者のうち、一定の条件に当てはまる者に対して支払われる。

A931　○　厚生年金保険加入者で、障害厚生年金3級の障害よりやや程度の軽い障害が残ったときに［障害手当金］が支給される。

6

精神保健福祉に関する制度とサービス

Q932 2016（平成28）年に、障害基礎年金の認定について地域差による不公平が生じないようにするため、「精神の障害に係る等級判定ガイドライン」が示された。

Q933 発達障害は、国民年金・厚生年金保険障害認定基準による認定の対象外である。

Q934 生活保護制度は、家族と同居している場合、個人を単位とすることを原則とする。

Q935 生活保護法における医療扶助は、原則として金銭給付される。

Q936 生活保護法における生活扶助として給付される入院患者日用品費は、原則として金銭給付される。

Q937 生活保護において在宅生活をする場合、生活保護か障害年金かの、いずれかを選択できる。

Q938 生活保護において、居住地と異なる市の精神科病院に通院する場合、当該病院を管轄する福祉事務所が、保護の決定・実施を行う。

Q939 生活保護において、精神障害者保健福祉手帳を取得している場合、障害者加算がされる場合がある。

Q940 精神障害者は、特別障害者手当の支給対象外である。

Q941 精神障害者保健福祉手帳の交付を受け、その障害等級が1級または2級である者は、税金の特別障害者控除の対象となる。

A932　○　各都道府県における障害基礎年金の認定事務の実態調査が行われた結果、精神障害及び知的障害の認定において、地域差があったことから、「精神の障害に係る等級判定ガイドライン」が示された。

. . . .

A933　×　発達障害は、国民年金・厚生年金保険障害認定基準による認定の［対象］となっている。

. . . .

A934　×　生活保護制度は［世帯］を単位とする。

. . . .

A935　×　生活保護法における医療扶助は、原則として［現物給付］される。

. . . .

A936　○　生活保護法における［生活扶助］として給付される入院患者日用品費は、原則として［金銭給付］される。

. . . .

A937　×　生活保護には［他法優先］の原則があるため、生活保護と障害年金では、［障害年金］が優先され、不足する場合に［生活保護］が支給される。

. . . .

A938　×　生活保護の決定・実施は、あくまで居住地の［市町村］が実施する。

. . . .

A939　○　［1、2］級の精神障害者保健福祉手帳を取得している場合、障害者加算がある。

. . . .

A940　×　特別障害者手当の支給対象は、［精神又は身体］に著しく重度の障害を有するため、日常生活において常時特別の介護を必要とする状態にある在宅の［20］歳以上の者である。

. . . .

A941　×　税金の［特別障害者控除］の対象になるのは、精神障害者保健福祉手帳の交付を受け、障害等級が1級の者のみである。2級の場合は、［障害者控除］の対象となる。

6

精神保健福祉に関する制度とサービス

Q942 ☑ ☑
精神障害者保健福祉手帳を受けた者で、退職所得を除外した前年中の所得が一定額以下の場合、ほかの障害者と同様に、住民税の所得割は非課税になる。

Q943 ☑ ☑
一定の信託契約に基づいて特別障害者に対して財産の信託があった場合、1,000万円までは贈与税がかからない。

Q944 ☑ ☑
業務上の事由により精神疾患に罹患した場合、精神科病院で健康保険による診療を受けることができる。

Q945 ☑ ☑
健康保険法における入院時生活療養費は、特定長期入院被保険者が対象である。

Q946 ☑ ☑
健康保険法における入院時生活療養費は、一般病床に入院中の者が対象である。

Q947 ☑ ☑
健康保険法における入院時生活療養費では、食費と居住費の全額が給付される。

Q948 ☑ ☑
介護保険の要介護状態区分は、1～6まで設定されている。

Q949 ☑ ☑
介護保険の第2号被保険者であっても、初老期における認知症である場合、要介護認定を受けることができる。

A942　○　1995（平成7）年の厚生省保健医療局長通知において、精神障害者保健福祉手帳を受けた者で、退職所得を除外した前年度所得が［一定額（125万円）］以下の者は、［住民税］に係る所得割を課さないとされている。

A943　×　一定の信託契約に基づいて［特別障害者］に対して財産の信託があった場合、［6,000］万円までは贈与税がかからない。なお、特別障害者とは、精神障害者の場合、精神障害者保健福祉手帳が1級の者が該当する。

A944　×　業務上の事由により精神疾患に罹患した場合、精神科病院で［労働者災害補償保険］による診察を受けることができる。

A945　○　健康保険法における入院時生活療養費は、療養病床に入院する65歳以上の被保険者（特定長期入院被保険者）が対象である。

A946　×　健康保険法における入院時生活療養費は、［療養病床］に入院中の者が対象である。

A947　×　健康保険法における入院時生活療養費は、生活療養に要する平均的な費用の額を勘案して算定した額から、平均的な家計における食費及び光熱水費の状況等を勘案して［厚生労働大臣］が定める［生活療養標準負担額を控除した］額である。

A948　×　介護保険の要介護状態区分は、［要支援1、2］及び［要介護1〜5］まで設定されている。

A949　○　介護保険の第2号被保険者であっても、初老期における認知症を含む［特定疾病］として定められた［16疾病］に該当する場合は要介護認定を受けることができる。

6

精神保健福祉に関する制度とサービス

Q950
☑ ☑
労災として認められるためには、その事故との業務遂行性が認められればよい。

Q951
☑ ☑
労災における療養給付とは、労働者が業務上負傷し、または疾病にかかり治療を必要とする場合に給付されるものである。

Q952
☑ ☑
労災における休業給付では、仕事につけなくなった4日目から支給される。

Q953
☑ ☑
労災における休業給付は、原則として1年間を限度としている。

Q954
☑ ☑
労働者災害補償保険において、精神障害は認定の対象外となる。

Q955
☑ ☑
自立支援医療の給付証明を都道府県税事務所に提出すれば、通院に使用する車両については自動車税が減免される。

Q956
☑ ☑
精神障害者保健福祉手帳を所持している精神障害者は、高速道路の利用に際して料金の割引を受けることができる。

Q957
☑ ☑
精神障害者に関する団体は、低料第3種郵便物の認可を受けることができる。

A950 ✕ 労災として認められるためには、労働契約に基づいて雇用者の支配下にあるという [業務遂行性] のほか、業務と傷病等の間に一定の因果関係があるとする [業務起因性] が認められる必要がある。

A951 ✕ 労災における療養給付は、業務上以外に [通勤中] の負傷・疾病にも対応する。

A952 ◯ 労災における休業給付では、仕事につけなくなった [4] 日目から支給される。休業1日につき給付基礎日額の [6] 割、労働福祉事業から特別休業支給金として給付基礎日額の [2] 割が支給される。

A953 ✕ 労災における休業給付は、原則 [1年6か月] を限度とする。それまでに治らず [障害等級] に該当する状態が継続している場合は、[傷病補償年金] の支給対象となる。

A954 ✕ 精神障害は、労働者災害補償保険の認定対象と [なる]。

A955 ✕ 通院に使用する自動車税の減免は、精神障害者の場合、精神障害者保健福祉手帳 [1] 級を所持し、[自立支援医療] を受けている人に限られる。なお、[自動車取得税] も全額免除される。

A956 ✕ 精神障害者保健福祉手帳では、高速道路料金やJR運賃などの減免を受けることは [できない]。ただし、自治体によって路線バスや鉄道等の減免を受けることができる場合がある。

A957 ◯ 精神障害者を含む心身障害者に関する団体は、低料第 [3] 種郵便物の認可を受けることができる。年 [4] 回以上の発行、1回について [500]部以上、発行の終期を予定しない等の条件を満たせば認められる。

Q958
☑ ☑
特別障害者手当の支給には、所得による制限がある。

Q959
☑ ☑
生活福祉資金貸付制度の申請窓口は、都道府県社会福祉協議会である。

Q960
☑ ☑
生活困窮者住居確保給付金では、賃貸住宅の入居契約のための敷金、礼金を基準として支給される。

4　行政機関の役割と実際

Q961
☑ ☑
都道府県は地方精神保健審議会を設置しなければならない。

Q962
☑ ☑
保健所は、精神保健福祉士等を精神保健福祉相談員として置くことができる。

Q963
☑ ☑
保健所は、措置入院者及び医療保護入院者の定期病状報告の審査を行う。

Q964
☑ ☑
保健所は、精神障害者保健福祉手帳の申請を受け付ける。

Q965
☑ ☑
保健所は、精神保健福祉相談に関して、受診に関する相談を受けて、訪問指導を行う。

A958　○　［特別障害者手当］は、受給者もしくはその配偶者または扶養義務者の前年の所得が一定の額以上であるときは支給されない。

A959　✕　生活福祉資金貸付制度の申請窓口は［市町村社会福祉協議会］である。ただし、実施主体は都道府県社会福祉協議会である。

A960　✕　生活困窮者住居確保給付金では、［市区町村］ごとに定める額（生活保護制度の住宅扶助額）を上限に［実際の家賃額］を支給する。

A961　✕　地方精神保健審議会の設置については、［都道府県の条例］に委ねられている。

A962　○　保健所は、精神保健福祉士等を［精神保健福祉相談員］として置くことができる。［精神保健福祉相談員］になるには、精神保健福祉士をはじめ、［医師］、大学で社会福祉に関する科目を修めて卒業した者で、［精神保健及び精神障害者の福祉］に関する知識、経験があるもの等と規定されている。

A963　✕　措置入院者及び医療保護入院者の定期病状報告の審査を行うのは［精神医療審査会］であり、その事務は［精神保健福祉センター］が行う。

A964　✕　精神障害者保健福祉手帳の申請は、［市町村］に行う。

A965　○　［保健所］は、精神保健福祉相談に関して、受診に関する相談を受けて訪問指導を行う。［保健所］の役割として、地域住民からの相談も受け付けており、本人以外の者が来た場合、本人と会うために訪問指導を行う場合がある。

Q966
☑ ☑
保健所は自助グループの組織育成、活動支援を行う。

Q967
☑ ☑
精神保健福祉法では、家族等のいない精神障害者に対して、その者の居住地の市町村長が入院の同意者となるとされている。

Q968
☑ ☑
地域保健法では、精神保健相談等の地域保健サービスの拠点として、市町村は保健所を設置する義務があるとされている。

Q969
☑ ☑
社会福祉法では、精神障害者に対して相談・指導する精神保健福祉相談員を市町村に配置することができるとされている。

Q970
☑ ☑
市町村が障害福祉サービス事業者を指定する。

5 更生保護制度と医療観察法

Q971
☑ ☑
保護司は、社会復帰調整官では十分でないところを補うことを使命としている。

Q972
☑ ☑
保護司は、厚生労働大臣が都道府県知事の推薦を受けて委嘱する。

Q973
☑ ☑
保護観察官は「医療観察法」によって規定され、保護観察所等に配置される国家公務員である。

Q974
☑ ☑
保護観察官は、性犯罪者処遇プログラムを担っている。

A966 ○ 自助グループ等の団体に対する支援も [保健所] の業務である。

A967 ○ 精神保健福祉法では、[家族等] のいない精神障害者に対して、その者の居住地の [市町村長] が入院の同意者となるとされている。

A968 ✕ 地域保健法では、保健所は [都道府県]・[指定都市]・[中核市] その他政令で定める市または [特別区] が設置するとされている。

A969 ✕ [精神保健福祉] 法では、精神障害者に対して相談・指導する精神保健福祉相談員を、[市町村] に配置することができるとされている。

A970 ✕ 障害福祉サービス事業者を指定するのは [都道府県知事]、指定都市市長及び中核市の市長である。

A971 ✕ 保護司は、[保護観察官] と協力して、保護観察や生活環境調整、犯罪予防活動などを行う。

A972 ✕ 保護司は、各都道府県にある [保護観察所の長] の推薦を受け、[法務大臣] から委嘱を受けた者である。

A973 ✕ 保護観察官を規定しているのは [更生保護] 法である。

A974 ○ [専門的処遇プログラム] の一つである性犯罪者処遇プログラムは、[認知行動療法] の理論を基礎とし、グループワーク等を通じ自ら性犯罪を抑止する力を身につけるための方法で、[保護観察官] が担う。

Q975 ☑ ☑ 更生保護施設とは、引受人がいないなどの理由で適切な居住地が見つからず、生活の場が確保できない人を保護するための施設で、厚生労働大臣が認可する。

Q976 ☑ ☑ 自立準備ホームとは、あらかじめ保護観察所に登録されたNPO法人、社会福祉法人などが、それぞれの特長を活かして、自立を促す施設である。

Q977 ☑ ☑ 民間の更生保護施設は宿泊施設の位置づけであり、社会生活技能訓練（SST）や酒害・薬害教育等の効果的な補導援護処遇は、精神科病院が担う。

Q978 ☑ ☑ 宿泊保護対象者は、更生保護施設、自立準備ホームのいずれか一つを選択することができる。

Q979 ☑ ☑ 更生緊急保護の期間は最長で3年である。

Q980 ☑ ☑ 更生緊急保護は公共の衛生福祉に関する機関等による保護が優先される。

Q981 ☑ ☑ 更生緊急保護は生活保護法に規定されている。

Q982 ☑ ☑ 保護観察の処分決定をするのは、裁判所もしくは家庭裁判所のみである。

Q983 ☑ ☑ 地方裁判所は仮釈放の許否決定の権限を有する。

A975　✕　更生保護施設は、宿泊場所がない、頼るべき人がいないなどの理由で直ちに自立することが難しい［保護観察］または［更生緊急保護］の対象者を保護する施設で、［法務大臣］が認可する。

A976　○　自立準備ホームとは、あらかじめ［保護観察所］に登録されたNPO法人、社会福祉法人などが運営する施設で、施設内での集団生活をする場合や一般のアパートに居住する場合など形態は様々である。

A977　✕　民間の［更生保護施設］は、宿泊機能を含めた生活基盤の提供のほか、円滑な社会復帰に向けた補導援護処遇を行う。

A978　✕　宿泊保護対象者の受け入れ先は、対象者本人や受け入れ側の状況を勘案し、［保護観察所］が決定する。

A979　✕　更生緊急保護の期間は身体の拘束を解かれた後［6か月］以内としているが、特に必要がある場合はさらに［6か月］以内で実施できる。

A980　○　更生緊急保護は［公共の衛生福祉に関する機関］等による保護が優先される。

A981　✕　更生緊急保護は［更生保護］法に規定されている。

A982　✕　保護観察の処分決定をするのは、［裁判所］もしくは［家庭裁判所］のほかに、刑事施設からの仮釈放を許された者、少年院、婦人補導院からの仮退院を許された者に対しては、［地方更生保護委員会］が処分決定を行う。

A983　✕　［地方厚生保護委員会］は仮釈放の許否決定の権限を有する。

Q984 ☑ ☑ BBS会とは、地域の犯罪予防活動と犯罪をした人や非行のある少年の更生支援活動を行うボランティア団体である。

Q985 ☑ ☑ 協力雇用主の業種は、サービス業が約半数を占める。

Q986 ☑ ☑ 「医療観察法」における重大な他害行為とは、殺人、放火、強盗、強制性交等、強制わいせつ（以上未遂を含む）、脅迫の6つを指す。

Q987 ☑ ☑ 「医療観察法」の対象者は、起訴され判決が確定した者を除き、心神喪失で不起訴となった者である。

Q988 ☑ ☑ 「医療観察法」における鑑定入院では精神保健福祉士を付添人として選任できる。

Q989 ☑ ☑ 「医療観察法」において、対象者、保護者または付添人は、ともに重大な事実の誤認または著しい処分の不当を理由とする場合に限り、4週間以内に抗告することができる。

Q990 ☑ ☑ 精神保健審判員は、精神保健福祉士その他の精神障害者の保健及び福祉に関する専門的知識及び技術を有する者の中から処遇事件ごとに指定される。

Q991 ☑ ☑ 「医療観察法」における指定医療機関の管理者は、地方裁判所の長と連携を図り、社会復帰に関する相談、援助などを行う。

A984 ✕ [更生保護女性会] とは、地域の犯罪予防活動と
犯罪をした人や非行のある少年の更生支援活動
を行うボランティア団体である。[BBS会] は、
少年たちが健やかに成長するための支援をする
青年ボランティア団体である。

A985 ✕ 協力雇用主の業種は、[建設業] が55.5％と半数
を占める（2021（令和3）年10月現在）。

A986 ✕ 「医療観察法」における重大な他害行為とは、
[殺人]、[放火]、[強盗]、[強制性交等]、[強制
わいせつ]（以上未遂を含む）、[傷害]（軽微な
ものを除く）の6つを指す。

A987 ✕ 「医療観察法」の対象者は、心神喪失または心神
耗弱の状態で重大な他害行為を行った者のうち
不起訴処分となった者、心神喪失を理由に [無
罪] となった者、心身耗弱を理由に刑の [減刑]
が確定した者（実刑になった者を除く）である。

A988 ✕ 「医療観察法」における鑑定入院では [弁護士]
を付添人として選任できる。

A989 ✕ 「医療観察法」において、対象者、保護者または
付添人は、ともに重大な事実の誤認または著し
い処分の不当を理由とする場合に限り、[2] 週
間以内に抗告することができる。

A990 ✕ 精神保健審判員は、予め選任された [精神保健
判定医] の中から処遇事件ごとに指定される。

A991 ✕ 「医療観察法」における指定医療機関の管理者
は、[保護観察所] の長と連携を図り、社会復帰
に関する相談、援助などを行う。

6

精神保健福祉に関する制度とサービス

Q992 ☑ ☑ 「医療観察法」において鑑定を行う医師は、当該鑑定の結果に入院の要否についての意見を付さなければならない。

Q993 ☑ ☑ 「医療観察法」において保護観察所の長は、官公署、医療施設等に必要な事項の報告を求めることができる。

Q994 ☑ ☑ 保護観察所には、社会復帰調整官を配置することが望ましいとされている。

Q995 ☑ ☑ 「医療観察法」において裁判所は、対象者の処遇の要否及びその内容について社会復帰調整官に意見を聴くため審判に関与させることができる。

Q996 ☑ ☑ 「医療観察法」において、社会復帰調整官は対象者の生活環境の調査を行い、家庭裁判所の求めに応じてその結果を報告する。

Q997 ☑ ☑ 「医療観察法」における社会復帰調整官は、通院による処遇終了が決定された者に対しても生活環境の調査を行う。

Q998 ☑ ☑ 「医療観察法」では、社会復帰調整官が指定通院医療機関及び都道府県知事の指導する内容に従って、対象者の地域社会における処遇の実施計画を立てる。

Q999 ☑ ☑ 精神保健参与員は、最高裁判所が選任し登録する。

A992 ◯ 「医療観察法」において鑑定を行う医師は、当該鑑定の結果に入院の要否についての［意見］を付さなければならない。なお、鑑定を行う医師は、［精神保健判定医］またはこれと同等以上の学識経験を有すると認められる医師である。

A993 ◯ 「医療観察法」において［保護観察所の長］は、官公署、医療施設等に必要な事項の報告を求めることができる。

A994 ✕ 社会復帰調整官は保護観察所に［必置］である。

A995 ✕ 「医療観察法」において裁判所は、対象者の処遇の要否及びその内容について［精神保健参与員］に意見を聴くため審判に関与させることができる。

A996 ✕ 「医療観察法」において、対象者の生活環境の調査は［社会復帰調整官］の業務の一つであるが、調査結果の報告を求める機関は［地方裁判所］である。

A997 ✕ 「医療観察法」における社会復帰調整官が行う生活環境の調査は、［検察官］が医療観察法での処遇の申し立てを行い、それを受け［地方裁判所］が［保護観察所］に対して依頼するものである。

A998 ✕ 「医療観察法」では、［保護観察所］が指定通院医療機関の管理者と都道府県知事及び市町村長と［協議］の上、対象者の地域社会における処遇の実施計画を定めるとされている。

A999 ✕ 精神保健参与員は、厚生労働省の作成した名簿のうち［地方裁判所］が毎年予め選任した者の中から処遇事件ごとに指名・任命する。

Q1000 ☑ ☑ 精神保健参与員は、指定入院医療機関の入院決定や退院後の社会復帰に向け、必要な生活環境の調査や精神保健観察を行う。

Q1001 ☑ ☑ 精神保健参与員は、審判において裁判官、精神保健審判員とともに合議体を構成し、対象者の処遇の要否や内容の審議を行う。

Q1002 ☑ ☑ 精神保健参与員は、地方裁判所の特別職公務員という位置づけで、職務執行には守秘義務が課せられている。

Q1003 ☑ ☑ 精神保健参与員は、入院処遇時におけるCPA会議（病棟内ケア会議）に出席し、意見を述べる。

Q1004 ☑ ☑ 鑑定入院は保護観察所の命令に基づいて実施される。

Q1005 ☑ ☑ 鑑定入院では、医学的観点から医療観察法に基づく入院による医療の必要性について意見をまとめる。

Q1006 ☑ ☑ 鑑定入院は3か月間が期限であるが、必要な場合は1か月間の延長が認められる。

Q1007 ☑ ☑ 鑑定入院では薬物療法の実施が認められている。

Q1008 ☑ ☑ 鑑定入院では、対象事件の合議体を構成する精神保健審判員が鑑定を担当する。

Q1009 ☑ ☑ 鑑定入院は、精神保健福祉法で規定された指定病院において実施される。

A1000　✗　[精神保健参与員] は、精神保健福祉の観点から審判において必要な意見を述べることを職務としている。なお、指定入院医療機関への入院決定は [地方裁判所] が行う。退院後の社会復帰に向け、必要な生活環境の調査や精神保健観察を行うのは、保護観察所の [社会復帰調整官] である。

A1001　✗　審判においては、裁判官及び [精神保健審判員] の合議体で処遇事件を取り扱う。

A1002　○　精神保健参与員は、地方裁判所の [特別職公務員] という位置づけで、職務執行には守秘義務が課せられている。

A1003　✗　指定入院医療機関では概ね2〜3か月ごとに [CPA会議] (病棟内ケア会議) が実査されるが、精神保健参与員は [参加しない]。

A1004　✗　鑑定入院は [地方裁判所] の命令に基づいて実施される。

A1005　○　鑑定入院では、医学的観点から [医療観察] 法に基づく入院による医療の必要性について意見をまとめる。

A1006　✗　鑑定入院は [2] か月間が期限であるが、必要な場合は [1] か月間の延長が認められている。

A1007　○　鑑定入院中は、[精神保健福祉] 法に基づく医療を受けることになる。そのため必要があれば [薬物療法] が実施される。

A1008　✗　鑑定入院において鑑定を担当するのは、鑑定命令を受けた [鑑定医] である。

A1009　✗　鑑定入院は、[都道府県] が推薦する鑑定入院医療機関において実施される。

6 精神保健福祉に関する制度とサービス

Q1010 ☑ ☑
「医療観察法」における通院処遇は、指定通院医療機関で行われ、その期間は1年6か月である。

Q1011 ☑ ☑
「医療観察法」における指定通院医療機関での通院医療費は、「障害者総合支援法」における自立支援医療の対象となる。

Q1012 ☑ ☑
「医療観察法」における指定入院医療機関の管理者は、入院の継続が必要と認めた場合、地方裁判所に入院継続の確認の申立てをしなければならない。

Q1013 ☑ ☑
「医療観察法」における入院患者の外出、外泊は、外部評価会議の承認が必要である。

Q1014 ☑ ☑
「医療観察法」における指定入院医療機関の管理者の申請による退院は、地方裁判所の審判により決定する。

Q1015 ☑ ☑
「医療観察法」の指定医療機関に入院している者またはその保護者による処遇改善の請求先は、法務大臣である。

Q1016 ☑ ☑
「医療観察法」における指定通院医療機関は、対象者自身で決めることができる。

Q1017 ☑ ☑
「医療観察法」による通院医療の継続が必要な場合は、保護観察所の長が延長の申し立てを行う。

Q1018 ☑ ☑
地域生活定着支援センターは、矯正施設入所中あるいはすでに矯正施設を出所した障害者のみを対象とした施設である。

Q1019 ☑ ☑
地域生活定着支援センターの実施主体は、市町村である。

A1010　✕　「医療観察法」における通院処遇は、原則 [3] 年間である。ただし、必要に応じて [2] 年を超えない範囲で延長が可能である。

. . . .

A1011　✕　「医療観察法」における医療費は、入院、通院ともに [国] から支出される。

. . . .

A1012　○　指定入院医療機関の管理者は、入院の継続が必要と認めた場合、[地方裁判所] に入院継続の確認の申立てをしなければならない。

. . . .

A1013　✕　「医療観察法」における入院患者の外出、外泊は、[多職種チーム] において計画を作成し実施する。外部評価会議の承認は [不要] だが、計画作成には [社会復帰調整官] の意見を求め、作成内容を居住地保護観察所に連絡することが必要である。

. . . .

A1014　○　「医療観察法」における指定入院医療機関の管理者の申請による退院は、[地方裁判所] の審判により決定する。

. . . .

A1015　✕　「医療観察法」の指定医療機関に入院している者またはその保護者による処遇改善の請求先は、[厚生労働大臣] である。

. . . .

A1016　✕　「医療観察法」における指定通院医療機関は、[地方裁判所] の審判により決定する。

. . . .

A1017　○　「医療観察法」による通院医療の継続が必要な場合は、[保護観察所の長] が延長の申し立てを行い、裁判所が決定する。

. . . .

A1018　✕　地域生活定着支援センターは、矯正施設入所中あるいはすでに矯正施設を出所した [障害者・高齢者] に対する支援を行う機関である。

. . . .

A1019　✕　地域生活定着支援センターの実施主体は、[都道府県] である。

Q1020 少年院から退院する者は、地域生活定着支援センターの対象者に含まれる。

☑ ☑

. . . .

Q1021 地域生活定着支援センターの支援は、刑務所からの出所直後から始まる。

☑ ☑

. . . .

Q1022 社会復帰促進センターとは、重犯者を対象としたPFI（プライベート・ファイナンス・イニシアチブ）方式の刑務所である。

☑ ☑

. . . .

Q1023 自立更生促進センターとは、円滑な社会復帰のために必要な環境を整えることができない刑務所出所者等を対象とした施設である。

☑ ☑

---

6 社会調査の意義、目的、倫理、方法及び活用

Q1024 ケースコントロール研究（症例対照研究）とは、特定の条件下における集団に対して、様々な要因について長期的に調査を行う研究手法である。

☑ ☑

. . . .

Q1025 ケースコントロール研究（症例対照研究）では、研究仮説を知る者が面接調査を実施するべきである。

☑ ☑

A1020 〇 地域生活定着支援センターの対象施設である
[矯正施設] には、刑務所、少年刑務所、拘置所、
少年院が含まれ、少年院退院者も対象となる。

. . . .

A1021 ✕ 地域生活定着支援センターの支援は、矯正施設
等の [出所前] から行われる。

. . . .

A1022 ✕ 社会復帰促進センターは、[初犯者] を対象とし
たPFI(プライベート・ファイナンス・イニシア
チブ)方式の刑務所である。

. . . .

A1023 〇 [自立更生促進センター] は、一時的な宿泊場所
を提供するとともに、円滑な社会復帰のために
必要な環境を整えることができない刑務所出所
者の改善更生を助け、再犯を防止し、安全・安
心な国や地域づくりを推進することを目的とし
た施設である。

A1024 ✕ [ケースコントロール] 研究は、疾病に罹患し
た、及びしていない集団に対して設定された要
因に暴露された経験の状態などを比較する研究
手法である。なお、特定の条件下における集団
に対して、様々な要因について長期的に調査を
行う研究手法は [コホート] 研究である。

. . . .

A1025 ✕ ケースコントロール研究では、研究仮説を知っ
ていることによる [バイアス] がかかることを
防ぐ必要があり、研究仮説を知る者が面接調査
をする [べきではない]。

Q1026

☑ ☑

標本調査の例として国勢調査がある。

Q1027

☑ ☑

多段抽出法とは、母集団をいくつかのグループに分け、その中から無作為抽出を行う方法である。

Q1028

☑ ☑

トライアンギュレーションとは、1つの課題に対して、複数の方法を用いて調査分析を行うことを指す。

Q1029

☑ ☑

サンプリングとは、回収した調査票の点検時に、回答の誤りや不備を修正することを指す。

Q1030

☑ ☑

シングルシステムデザインとは、複数の事例から共通した点を抽出するために開発された調査手法である。

Q1031

☑ ☑

無作為化比較試験（RCT）は、質的調査として実施される。

Q1032

☑ ☑

無作為化比較試験（RCT）とは、研究対象者を無作為に、介入群と非介入群など複数の群に分けて実施する研究方法である。

Q1033

☑ ☑

特定集団の時間的変化について追跡調査を行うものを多変量解析法という。

Q1034

☑ ☑

グラウンデット・セオリー・アプローチは、入手したデータをコーディングして行う量的研究手法である。

Q1035

☑ ☑

エスノグラフィーとは質的研究法の一種で、民族誌とも呼ばれる。

A1026　✕　国勢調査は、［全数］調査である。［標本］調査は、調査対象となりうる集団の中から一部を抽出して行う調査である。［全数］調査は、調査対象となりうる集団すべてに対して調査を行うもので、［悉皆］調査ともいう。

A1027　○　［多段抽出法］とは、母集団をいくつかのグループに分け、その中から無作為抽出を行う方法である。

A1028　○　［トライアンギュレーション］とは、1つの課題に対して、複数の方法を用いて調査分析を行うことを指す。

A1029　✕　［エディティング］とは、回収した調査票の点検時に、回答の誤りや不備を修正することを指す。［サンプリング］は母集団から調査を行う標本を抽出することである。

A1030　✕　シングルシステムデザインとは、1事例から［介入効果］を測定する調査方法である。

A1031　✕　無作為化比較試験（RCT）は、［量的］調査として実施される。

A1032　○　無作為化比較試験（RCT）とは、研究対象者を［無作為］に、介入群と非介入群など複数の群に分けて実施する研究方法である。

A1033　✕　特定集団の時間的変化について追跡調査を行うものを［コホート調査］という。

A1034　✕　グラウンデット・セオリー・アプローチは、入手したデータをコーディングして行う［質的］研究手法である。

A1035　○　［エスノグラフィー］とは質的研究法の一種で、民族誌とも呼ばれる。

6

精神保健福祉に関する制度とサービス

Q1036 調査票を作成する際は、データの信頼性と妥当性を意識しなければならない。
☑ ☑

Q1037 参与観察とは、調査対象となる集団に入り込み、実際に調査者か対象者とかかわりながら調査を進める方式である。
☑ ☑

Q1038 質問項目は決めるものの、状況に応じて柔軟に変化させていく面接方法を、非構造面接という。
☑ ☑

Q1039 精神保健福祉士の研究発表において、相談記録から収集した数量データを扱う場合は、当事者の了承を得る。
☑ ☑

Q1040 調査を行うにあたり、調査を拒否した場合において不利益が生じないことを説明する。
☑ ☑

Q1041 調査における同意は、調査実施前に限り無条件に撤回できる。
☑ ☑

Q1042 死亡者の記録の取扱いに関しては、生前の意思を代弁できる代理人にインフォームドコンセントを行う。
☑ ☑

Q1043 インタビュー調査における分析プロセスは、プライバシー保護のため秘匿する。
☑ ☑

A1036　○　調査票を作成する際は、データの［信頼性］と
　　　　　［妥当性］を意識しなければならない。質の高い
　　　　　データを得るためには、［信頼性］と［妥当性］
　　　　　を担保できる質問項目を作成する必要がある。

A1037　○　参与観察とは、調査対象となる集団に［入り込
　　　　　み］、実際に調査者か対象者と［かかわり］なが
　　　　　ら調査を進める方式である。参与観察の方法と
　　　　　して、［完全な参加者］、［観察者としての参加
　　　　　者］、［参加者としての観察者］、［完全な観察者］
　　　　　の4つに分けることができる。

A1038　×　質問項目は決めるものの、状況に応じて柔軟に
　　　　　変化させていく面接方法を、［半構造］面接とい
　　　　　う。［非構造］面接は全く質問を決めずに行う。

A1039　×　精神保健福祉士の研究発表において、相談記録
　　　　　内の［発言内容］等を扱う場合は、当事者の了
　　　　　承が必要だが、［数量データ］は個人情報が含ま
　　　　　れなければ、その限りではない。

A1040　○　調査を受けないことによって、調査対象者に
　　　　　［不利益］が生じてはならず、調査を行う際はそ
　　　　　のことを説明しなければならない。

A1041　×　調査に関する同意は、［いつでも］無条件に撤回
　　　　　できる。

A1042　○　死亡者の記録の取扱いに関しては、生前の意思
　　　　　を代弁できる代理人に［インフォームドコンセ
　　　　　ント］を行う。［代理人］は、配偶者や子や親な
　　　　　どの親族などから選任することが基本である。

A1043　×　インタビュー調査の分析をする際には、［客観
　　　　　性］を担保するためにも、分析プロセスを［明
　　　　　らかに］する必要がある。

Q1044
☑ ☑

質問紙調査において、匿名性を確保するために、調査票には回答者のイニシャルを記入してもらう。

・・・

Q1045
☑ ☑

インタビューで得た録音されたテープは、鍵のかかる場所に保管し、分析終了後は速やかに確実な方法で消去・消却する。

・・・

Q1046
☑ ☑

データが外部に流出しないように、データ分析のためのパソコンはネットワークに接続しない。

・・・

Q1047
☑ ☑

利益相反（COI）とは、外部との経済的な利益関係等によって、研究が適正に行われない状態を指す。

・・・

Q1048
☑ ☑

社会調査におけるオプトアウトとは、調査対象者に研究の目的やリスクなど十分に説明を行い、同意を得ることを指す。

A1044　✕　質問紙調査において、回答者が氏名をイニシャルで記入すると、場合によっては人物を［特定できてしまう］ため、適切ではない。

A1045　✕　インタビューで得た録音されたテープは、鍵のかかる場所に保管し、分析終了後は［一定期間］保管した後、確実な方法で消去・消却する。

A1046　○　データが外部に流出しないように、データ分析のためのパソコンは［ネットワークに接続しない］。得たデータは［個人情報］が多分に含まれており、その流失には最大限の注意を払う必要がある。

A1047　○　［利益相反（COI）］とは、外部との経済的な利益関係等によって、研究が適正に行われない状態を指す。

A1048　✕　表記内容は［インフォームドコンセント］である。［オプトアウト］とは、調査対象者の既存の個人情報を調査で利用することについて、本人に拒否の機会を保障することを指す。

出る！出る！

要点チェックポイント

 ポイント❶ 法定雇用率

	現行	2024（令和6）年 4月から	2026（令和8）年 4月から
民間企業 （従業員43.5人以上）	2.3%	2.5%	2.7%
国、地方公共団体等	2.6%	2.8%	3.0%
都道府県等の教育委員会	2.5%	2.7%	2.9%

 ポイント❷ 就労支援

精神障害者を対象とした施策

精神障害者雇用トータルサポーターの配置	精神障害の専門的知識を有する精神障害者雇用トータルサポーターをハローワーク（公共職業安定所）に配置し、求職者に対して専門的なカウンセリング、就職準備プログラム及び事業主への意識啓発等の支援を実施
トライアル雇用助成金（障害者トライアルコース・障害者短時間トライアルコース）	• 障害者に関する知識や雇用経験がない事業所が、障害者を短期の試行雇用（トライアル雇用：原則3か月）の形で受け入れることにより、障害者雇用に取り組むきっかけをつくり、常用雇用への移行を目指す（障害者トライアルコース） • 一定程度の期間をかけて段階的に就職時間を延長しながら常用雇用を目指すもので、事業主に対し支給される（障害者短時間トライアルコース）
精神障害者に対する総合雇用支援	地域障害者職業センターにおいて、専任の精神障害者担当カウンセラーを配置し、主治医等との連携の下、新規雇入れ、職場復帰、雇用継続に係る様々な支援ニーズに対して、総合的な支援を行う（全国47センターで実施）
医療機関等との連携によるジョブガイダンス事業	ハローワークから医療機関等に出向いて、利用者向けの就職活動に関する知識や方法等についてのガイダンス及び職員向けの精神障害者等の雇用状況等に関するガイダンスを実施することにより、就職に向けた取り組みを的確に行えるよう援助する

精神障害者が利用できる施策

ハローワーク（公共職業安定所）における職業相談・職業紹介	• 障害者に対し、職業相談を実施するとともに、福祉・教育等関係機関と連携した「チーム支援」による就職の準備段階から職場定着までの一貫した支援を行う • 併せてハローワークとの連携の上、地域障害者職業センターにおいて、職業評価、職業準備支援、職場適応支援等の専門的な各種職業リハビリテーションを実施
特定求職者雇用開発助成金（特定就職困難者コース）	60歳以上65歳未満の高年齢者、障害者等の就職が特に困難な者をハローワーク等の紹介により継続して雇用する労働者として雇い入れる事業主に対して助成
職場適応援助者（ジョブコーチ）支援事業	職場への円滑な適応を図るため、職場にジョブコーチが出向いて、障害者及び事業主双方に対し、仕事の進め方やコミュニケーションなど職場で生じる様々な課題の改善を図るための支援を職場の状況に応じて実施 ①配置型ジョブコーチ：地域障害者職業センターに配置 ②訪問型ジョブコーチ：障害者の就労支援を行う社会福祉法人等に雇用 ③企業在籍型ジョブコーチ：障害者を雇用する企業に雇用
障害者就業・生活支援センター事業	雇用、保健、福祉、教育等の地域の関係機関の連携の拠点となり、障害者の身近な地域において、就業面及び生活面にわたる一体的な支援を実施（2022（令和4）年4月1日時点：338か所）

ポイント③ 居住支援

「障害者総合支援法」による施策

障害者支援施設	入所障害者に、主として夜間において、入浴、排せつ及び食事等の介護、生活等に関する相談及び助言、その他の必要な日常生活上の支援を行う（施設入所支援）とともに、施設入所支援以外の施設障害福祉サービスを行う
共同生活援助（グループホーム）	障害のある人に、主として夜間において、共同生活を営む住居において相談、入浴、排せつまたは食事の介護、その他の日常生活上の援助を行う
福祉ホーム（地域生活支援事業）	住居を必要としている人に、低額な料金で、居室等を提供するとともに、日常生活に必要な支援を行う。地域生活支援事業としての位置づけ

1 精神障害の特性としての一般性

Q1049 ☑ ☑
ストレングスに注目することによって、精神障害者の生活のしづらさを客観視し、障害特性に焦点化する。

Q1050 ☑ ☑
様々な場面への活動や参加は、健康状態の向上へと導くことになる。

Q1051 ☑ ☑
活動の制限や参加の制約が、精神疾患に好ましくない影響を与えるというように、疾病と障害の併存が挙げられる。

Q1052 ☑ ☑
生涯を通じて約40人に1人は精神疾患にかかるため、精神障害を社会的扶養の問題としてとらえる。

Q1053 ☑ ☑
精神保健福祉法5条に規定されている精神障害者の定義には、精神作用物質による急性中毒またはその依存症を有する者が含まれている。

Q1054 ☑ ☑
障害者基本法の障害者の定義には、「社会的障壁」が含まれている。

🐱 **参考** 精神障害者の特徴

精神障害は、思春期以降に発症することが多く、社会生活・日常生活上の障害（諸社会・人間関係の断絶、社会生活上の技能の未習得、集中力がない、ストレスに弱い、人間関係が苦手、意欲の低下、臨機応変のなさなど）を病とともに併せ持つことが多い。

A1049 ✕ ストレングスに注目することによって、精神障害者の生活のしづらさを客観視し、［個人の強さ］に焦点化する。ストレングスの視点は、1992年の［サリービー］の『ソーシャル実践におけるストレングス視座』などによって提唱された。

. . . .

A1050 ○ ［ICF（国際生活機能分類）］では、生活機能の3レベル（心身機能・身体構造、活動、参加）は相互に影響を与え合い、また「健康状態」「環境因子」「個人因子」からも影響を受けるとしている。

. . . .

A1051 ○ ［活動］の制限や［参加］の制約が、精神疾患に好ましくない影響を与えるというように、疾病と障害の併存が挙げられる。制限や制約は、疾病と障害のいずれにも影響を与える。

. . . .

A1052 ✕ 生涯を通じて約［5］人に1人は精神疾患にかかるため、精神障害を社会的［支援］の問題としてとらえる。2013（平成25）年度以降の［都道府県］の医療計画に盛り込むべき疾病には、［がん］、［脳卒中］、［急性心筋梗塞］、［糖尿病］の4大疾病に［精神疾患］を加えた5大疾病がある。

. . . .

A1053 ○ 精神保健福祉法で「精神障害者」とは、統合失調症、［精神作用物質］による急性中毒またはその依存症、［知的障害］その他の精神疾患を有する者をいう（5条）。

. . . .

A1054 ○ 障害者の定義は、「身体障害、知的障害、精神障害（発達障害を含む）その他の心身の機能の障害がある者であって、障害及び［社会的障壁］により継続的に日常生活又は社会生活に相当な制限を受ける状態にあるもの」としている（障害者基本法2条1号）。

7 精神障害者の生活支援システム

Q1055 ☑ ☑ 2021（令和3）年度の精神障害者保健福祉手帳交付者の総数のうち、最も多いのは、3級の交付者である。

> 🐱 **参考** 社会的障壁
>
> 社会的障壁とは、障害がある者にとって日常生活又は社会生活を営む上で障壁となるような社会における事物、制度、慣行、観念その他一切のものとしている。

---

2 精神障害者の生活の実際と人権

Q1056 ☑ ☑ メンバーシップとは、利用者と専門家との対等な関係性のことである。

....

Q1057 ☑ ☑ パートナーシップとは、孤立した人が地域の一員として帰属していくことを志向することである。

....

Q1058 ☑ ☑ 精神保健福祉士が相談者に「いかに自らが納得できる、自分なりの生き方を見いだせるかが重要」と伝えた。これは、リカバリーの概念に基づくものである。

....

Q1059 ☑ ☑ 元気回復行動プラン（WRAP）は、精神障害を有する当事者の間で考案されたもので、ファシリテーターとして活動する人の養成が行われている。

A1055 ✕ 2021（令和3）年度の精神障害者保健福祉手帳
交付者の総数のうち、最も多いのは、[2] 級の
交付者である。手帳交付者の数は、[1] 級が
132,163人（10.4 %）、[2] 級 が743,152人
（58.8%）、[3] 級 が388,145人（30.7%）で
あった（「令和3年度 衛生行政報告例」厚生労働
省）。

A1056 ✕ [パートナーシップ] とは、利用者と専門家との
対等な関係性のことである。

A1057 ✕ [メンバーシップ] とは、孤立した人が地域の一員
として帰属していくことを志向することである。

A1058 ○ [リカバリー] とは、「人々が生活や仕事、学ぶ
こと、そして地域社会に参加できるようになる
過程であり、またある個人にとっては障害が
あっても充実し生産的な生活を送ることができ
る能力であり、他の個人にとっては症状の減少
や緩和である」と定義されている。

A1059 ○ [元気回復行動プラン（WRAP）] は、精神障害
を有する当事者の間で考案された、元気になり、
元気であり続け、なりたい自分になるために、
自分自身でつくる行動プランである。参加者が、
安全で、安心でき尊敬されていると感じられる
雰囲気づくりに努めるファシリテーター（促進
者）の養成も行われている。

Q1060
☑ ☑
リジリエンスとは、人間に潜在的に備わっている復元できる力のことである。

Q1061
☑ ☑
ピアサポートグループにおいては、自分の生きづらさや将来への希望など何でも話せる雰囲気があり、当事者だからこそできる共感や支え合いがある。

Q1062
☑ ☑
「障害者虐待防止法」では、虐待の種別は、身体的虐待、心理的虐待、放棄・放置、性的虐待の4類型であると規定されている。

Q1063
☑ ☑
「障害者虐待防止法」によれば、養護者による虐待を受けたと思われる18歳以上の障害者を発見した者は、市町村に通報しなければならない。

Q1064
☑ ☑
「障害者虐待防止法」は、障害者及び養護者の相談等の窓口として、市町村に障害者権利擁護センターを設置するとしている。

Q1065
☑ ☑
「障害者差別解消法」において公的機関には、合理的配慮の提供は努力義務として規定されている。

Q1066
☑ ☑
任意後見制度とは、判断能力が不十分になる前に、将来判断能力が衰えた時に備えて契約を結んでおくものである。

🐱 **参考** 市町村障害者虐待防止センターの役割

①障害者虐待の通報又は届出の受理
②虐待を受けた障害者の保護のための相談、指導及び助言等の業務
③障害者の虐待防止等に関する広報その他の啓発活動

A1060 ○ [リジリエンス] とは、人間に潜在的に備わっている復元できる力のことである。

A1061 ○ [ピアサポート] グループにおける、当事者同士ゆえの共感や支え合いの機能は、日常生活のあらゆる場面において、生活を [支える] ことにつながっている。

A1062 ✕ 「[障害者虐待防止] 法」における虐待の種別は、身体的虐待、性的虐待、心理的虐待、放棄・放置、[経済的虐待] の [5] 類型である。

A1063 ○ 「[障害者虐待防止] 法」において、「養護者による障害者虐待（18歳未満の障害者について行われるものを除く。）を受けたと思われる障害者を発見した者は、速やかに、これを [市町村] に通報しなければならない」と規定している（7条）。

A1064 ✕ 障害者虐待対応の窓口等として、市町村には [障害者虐待防止センター]、都道府県には [障害者権利擁護センター] の機能を果たす部署を設置するとしている。

A1065 ✕ 「障害者差別解消法」において公的機関には、合理的配慮の提供は [法的義務] として規定されている。

A1066 ○ [任意後見] 制度は、将来判断能力が衰えた時に備え、判断能力が不十分になる前に支援者や契約内容を決めて、公正証書を作成して契約を結ぶものである。

Q1067 ☑ ☑ 社会福祉法人の苦情解決の取り組みとして、施設長が苦情解決責任者、精神保健福祉士が苦情受付担当者となり、理事である弁護士が第三者委員となった。

Q1068 ☑ ☑ 苦情受付担当者は、苦情の解決・改善までの経過と結果を苦情申出人に報告する。

Q1069 ☑ ☑ 運営適正化委員会は、福祉サービス利用者の苦情などを適切に解決し利用者の権利を擁護する目的で、社会福祉法改正後にスタートした。

Q1070 ☑ ☑ 「精神病者の保護及び精神保健ケア改善のための諸原則」(1991(平成3)年)では、「すべての精神障害者は、病状が不安定な場合を除き、地域において生活する権利を持つ」としている。

Q1071 ☑ ☑ 「世界人権宣言」(1948(昭和23)年)では、その第1条で「すべての人間は、生まれながらにして自由であり、かつ、尊厳と権利とについて平等である」としている。

Q1072 ☑ ☑ 「国際人権規約」(1966(昭和41)年)では、A規約において自由権規約(市民的・政治的権利)、B規約において社会権規約(経済的・社会的及び文化的権利)を定めている。

Q1073 ☑ ☑ 「障害者の権利宣言」(1975(昭和50)年)では、障害者の完全参加と平等をテーマにノーマライゼーション思想の普及が取り上げられた。

🐱 **重要** 障害者権利条約(2006年国連総会で採択)

障害者の人権及び基本的自由の享有を確保し、障害者の固有の尊厳の尊重を促進することを目的として、障害者の権利の実現のための措置等を定めている。日本では2014(平成26)年に批准・発効に至った。

A1067　✕　社会福祉法人の苦情解決の取り組みとして、施設長は［苦情解決責任者］、精神保健福祉士は［苦情受付］担当者となることができるが、［理事］である弁護士は第三者委員に［なれない］。

. . . .

A1068　✕　苦情受付担当者は、苦情の解決・改善までの経過と結果を［苦情解決責任者］と［第三者委員］に伝える（［第三者委員］への報告は申出人が拒否した場合は行わない）。

. . . .

A1069　○　［運営適正化委員会］は、福祉サービス利用者の苦情などを適切に解決し利用者の［権利］を擁護する目的で、［社会福祉］法改正（2000（平成12）年）後にスタートした。

. . . .

A1070　✕　「精神病者の保護及び精神保健ケア改善のための諸原則」（1991（平成3）年）では、「精神疾患を有するすべての者は、［可能な限り］地域において生活し、働く権利を持つ」としている（「原則3 地域社会における生活」）。

. . . .

A1071　○　「世界人権宣言」（1948（昭和23）年）では、その第1条で「すべての人間は、生まれながらにして自由であり、かつ、［尊厳］と［権利］とについて平等である」としている。

. . . .

A1072　✕　「国際人権規約」（1966（昭和41）年）では、A規約において［社会権］規約（［経済］的・［社会］的及び［文化］的権利）、B規約において［自由権］規約（［市民］的・［政治］的権利）を定めている。

. . . .

A1073　✕　「障害者の権利宣言」（1975（昭和50）年）は、障害者の基本的人権と障害者問題に関する指針を示したものである。［国際障害者年］（1981（昭和56）年）は、障害者の完全参加と平等をテーマにノーマライゼーション思想の普及を図るものであった。

7

精神障害者の生活支援システム

Q1074 ☑ ☑ 「障害者に関する世界行動計画」（1982（昭和57）年）では、障害者の機会均等化に関する標準規則が採択された。

3 精神障害者の居住支援に関する制度・施策と相談援助活動

Q1075 ☑ ☑ 1993（平成5）年に改正された精神保健法による精神障害者地域生活援助事業は、社会福祉事業法の第一種社会福祉事業として位置づけられた。

Q1076 ☑ ☑ 2005（平成17）年に改正された公営住宅法施行令で公営住宅における単身での入居が可能な範囲に、身体障害者、知的障害者、精神障害者が加えられた。

Q1077 ☑ ☑ 2005（平成17）年に制定された障害者自立支援法により、住宅入居等支援事業（居住サポート事業）は都道府県が行う相談支援事業に位置づけられた。

Q1078 ☑ ☑ 精神障害者の公営住宅への単身入居の資格については、所持する精神障害者保健福祉手帳の障害等級が1級または2級の者に限り認められている。

🐱 参考 住生活基本法（2006（平成18）年成立）の基本理念

基本理念	①国民の住生活の基盤となる良質な住宅の供給
	②良好な居住環境の形成
	③居住のために住宅を購入する者等の利益の擁護及び増進
	④居住の安定の確保

A1074　✕　「障害者に関する世界行動計画」（1982（昭和57）年）では、障害の予防、障害者のリハビリテーション、障害者に対する機会均等化という目標を達成するための［具体的内容・方法］を、国際的レベル、地域レベル、国内レベルでいかに取り組めばよいかを明示した。［第48回国連総会］（1993（平成5）年）では、障害者の機会均等化に関する標準規則が採択された。

A1075　✕　1993（平成5）年に改正された［精神保健］法による精神障害者地域生活援助事業は、社会福祉事業法の第［二］種社会福祉事業として位置づけられた。これは、［グループホーム］のことである。

A1076　✕　2005（平成17）年に改正された公営住宅法施行令において、公営住宅における［単身での入居］が可能な範囲に、［知的障害者］、［精神障害者］が加えられた。［身体障害者］については、1967（昭和42）年に世帯を対象として優先入居が制度化された。1980（昭和55）年に高齢者とともに［身体障害者］等の公営住宅への［単身入居］が可とされた。

A1077　✕　2005（平成17）年に制定された障害者自立支援法により、住宅入居等支援事業（居住サポート事業）は［市町村］が行う相談支援事業に位置づけられた。複数市町村による［共同実施］や、［指定相談支援事業者］への委託も可能となった。

A1078　✕　精神障害者の公営住宅への［単身］入居の資格は、所持する精神障害者保健福祉手帳の障害等級が1級から［3］級までの者である。

7

精神障害者の生活支援システム

Q1079 ☑ ☑
精神障害者の公営住宅への入居の申込みに際し、現に精神障害者に同居親族がある場合には、単身で公営住宅に入居することは認められない。

Q1080 ☑ ☑
住宅入居等支援事業（居住サポート事業）の事業内容には、家主への相談・助言が含まれている。

Q1081 ☑ ☑
住宅入居等支援事業（居住サポート事業）の実施主体は、都道府県が原則である。

Q1082 ☑ ☑
公営住宅への入居は、事業主体が申込者の身体上または精神上の障害の程度だけではなく、その申込者が受けることができる介護の内容等を総合的に勘案して入居を判断する。

Q1083 ☑ ☑
「障害者総合支援法」に基づく自立生活援助のサービスとして、救護施設退所者のためのアパート探しに同行する。

Q1084 ☑ ☑
「障害者総合支援法」に基づく宿泊型自立訓練は、訓練等給付費が支給される事業である。

> 🐱 **参考** 居住支援協議会
>
> 住宅確保要配慮者に対する賃貸住宅の供給の促進に関する法律（住宅セーフティネット法、2007（平成19）年成立）により、住宅確保要配慮者（低額所得者、被災者、高齢者、障害者、子育て家庭その他住宅の確保に特に配慮を要する者）の民間賃貸住宅への円滑な入居の促進を図るため、地方公共団体や関係業者、居住支援団体等が連携し、住宅確保要配慮者及び民間賃貸住宅の賃貸人の双方に対し、住宅情報の提供等の支援を実施する。

A1079　✕　精神障害者の公営住宅への入居の申込みに際し、同居親族の［有無にかかわらず］、単身で公営住宅への入居が［認められている］。

A1080　○　住宅入居等支援事業（居住サポート事業）の事業内容は、賃貸契約による一般住宅への入居に当たって支援が必要な障害者について、不動産業者に対する一般住宅のあっせん依頼、障害者と家主等との入居契約手続きにかかる支援、［保証人］が必要となる場合における調整、家主等に対する［相談・助言］、入居後の［緊急時］における対応等を行う。

A1081　✕　住宅入居等支援事業（居住サポート事業）は、［市町村地域生活支援事業］の必須事業の中の、［相談支援事業］の一つに位置づけられている。

A1082　○　公営住宅への入居は、事業主体が申込者の身体上または精神上の［障害の程度］だけではなく、その申込者が受けることができる［介護の内容］等を総合的に勘案して入居を判断する。

A1083　✕　「障害者総合支援法」に基づく［自立生活援助］では、障害者支援施設やグループホームなどを利用していた障害者で、地域で一人暮らしを希望する人に対し、自立した日常生活または社会生活を営むことができるよう、一定の期間にわたり定期的な［巡回訪問（居宅訪問）］や随時の対応により、円滑な地域生活に向けた相談・助言などを行う。

A1084　○　「障害者総合支援法」に基づく［宿泊型自立訓練］は、［訓練等給付］に位置づけられており、一定期間、居住の場を提供して日常生活能力等の維持・向上のための訓練その他の支援を行う。

7

精神障害者の生活支援システム

Q1085 ☑ ☑ 「障害者総合支援法」に基づく宿泊型自立訓練を利用する際には、所得に応じた利用者負担上限月額が設けられている。

Q1086 ☑ ☑ 「障害者総合支援法」に基づく自立訓練（生活訓練）の申請には、サービス等利用計画案の提出が求められる。

Q1087 ☑ ☑ 「障害者総合支援法」に基づく短期入所は、訓練等給付に位置付けられている。

4 就労支援制度の概要

Q1088 ☑ ☑ 精神障害者総合雇用支援の事業は、精神障害のある人の自殺防止の見地から雇用支援強化を目的としている。

Q1089 ☑ ☑ 精神障害者総合雇用支援の事業は、精神障害者の雇用促進支援・職場復帰支援・雇用継続支援を、主治医等との連携の下で、総合的に行うものである。

Q1090 ☑ ☑ 精神障害者総合雇用支援の利用に際しては、精神障害者保健福祉手帳を取得していなくてもよい。

A1085　○　「障害者総合支援法」に基づく宿泊型自立訓練を含む障害福祉サービスを利用する際には、[所得]に応じた[利用者負担上限月額]が設けられている。

A1086　○　「障害者総合支援法」に基づく自立訓練（生活訓練）の利用には、[訓練等給付費]の支給を受けなければならない。[市町村]の窓口に利用申請すると、[サービス等利用計画案]の提出が求められる。

A1087　✕　「障害者総合支援法」に基づく短期入所は、[介護給付]に位置付けられている。自宅で介護する人が病気の場合などに、短期間、夜間も含めた施設で、入浴、排せつ、食事の介護等を行う。

A1088　✕　2005（平成17）年10月から実施された精神障害者総合雇用支援の事業は、精神障害のある人の[働きたいという希望]の実現の見地から雇用支援強化を目的としている。精神障害者の約[7]割が働きたいと希望を持っている。

A1089　○　精神障害者総合雇用支援の事業は、精神障害者の[雇用促進]支援・[職場復帰]支援・[雇用継続]支援を、主治医等との連携の下で、総合的に行うものである。

A1090　○　精神障害者総合雇用支援の利用に際しては、精神障害者保健福祉手帳を取得して[いなくてもよい]。[医師の診断書等]により、躁うつ病、統合失調症その他の精神性疾患を有していることが確認できることが必要となる。

7　精神障害者の生活支援システム

307

Q1091 ☑ ☑ 障害者雇用率の算定対象として雇用する企業を斡旋する前に、精神障害者保健福祉手帳の所持を確かめる必要がある。

Q1092 ☑ ☑ リワーク支援は、雇用継続支援のための制度である。

Q1093 ☑ ☑ 特定求職者雇用開発助成金（特定就職困難者コース）とは、新たに障害者等の就職が特に困難な者を、期限つきで雇用する労働者として雇い入れた事業主に対して助成を行うものである。

Q1094 ☑ ☑ 障害者雇用納付とは、障害者雇用納付金制度における雇用率を満たしている企業に対し、納付金（障害者雇用納付金）を徴収するものである。

Q1095 ☑ ☑ 障害者雇用調整金とは、法定雇用率を超えて雇用している企業に対して支給されるもので、300人以下の事業主に対しては報奨金が支給される。

Q1096 ☑ ☑ 80名の従業員が雇用されている事業所で7、8名の障害者を雇用する場合、報奨金の対象となる。

🐱 **重要** 「障害者雇用促進法」改正

2013（平成25）年6月に「障害者雇用促進法」が改正された。改正のポイントは次の通り。

- 精神障害者の雇用の義務化（精神障害者保健福祉手帳保持者）
  →2018（平成30）年4月施行
- 雇用主に対して障害者への差別の禁止
- 障害の特性に応じた職場環境を整備する「配慮」の義務化
  →2016（平成28）年4月施行

A1091　○　[障害者雇用率] の算定対象となる精神障害者は、[精神保健福祉手帳所持者] に限定される（障害者雇用促進法37条の2項）。

A1092　×　リワーク支援は、[職場復帰] 支援のための制度である。標準的な支援期間は [3] か月。高齢・障害・求職者雇用支援機構に属する各都道府県の [障害者職業センター] において行われている。

A1093　×　特定求職者雇用開発助成金（特定就職困難者コース）とは、新たに公共職業安定所（ハローワーク）等の紹介により [高年齢者（60歳以上65歳未満）]、障害者等の就職が特に困難な者を、[継続] して雇用する労働者として雇い入れた事業主に対して助成を行うものである。

A1094　×　障害者雇用 [納付金] とは、障害者雇用納付金制度における雇用率を [満たしていない] 企業から納付金を徴収するものである。徴収された納付金は、雇用義務数より多くの障害者を雇用している企業に対して [障害者雇用調整金] として支給されたり、障害者を雇用するために必要な [施設・設備費] 等に充てられたりする。

A1095　×　障害者雇用調整金とは、法定雇用率を超えて雇用している企業に対して支給されるもので、[100] 人以下の事業主に対しては [報酬金] が支給される。

A1096　○　常時雇用している労働者数が100人以下の事業主で、各月の雇用障害者数の年度間合計数が一定数（各月の常時雇用している労働者数の4％の年度間合計数または72人のいずれか多い数）を超えて障害者を雇用している場合は、その一定数を超えて雇用している障害者の人数に21,000円を乗じた額の [報奨金] が支給される。

7

精神障害者の生活支援システム

309

Q1097 ☑ ☑　障害者雇用調整金とは、法定雇用率を下回る企業に対して支給されるものである。

Q1098 ☑ ☑　特例子会社制度では、事業主が障害者雇用に特別の配慮をした子会社を設立する。

Q1099 ☑ ☑　企業グループ算定特例では、一定の要件を満たした子会社を対象に、企業グループ全体で障害者雇用率を通算できる。

Q1100 ☑ ☑　障害者雇用率制度の対象となる精神障害者は、精神障害者保健福祉手帳の所持者である。

Q1101 ☑ ☑　精神障害者保健福祉手帳を所持していない精神障害者であっても、医師の診断書があれば、障害者雇用率の算定対象にすることができる。

Q1102 ☑ ☑　「障害者雇用促進法」において、精神障害者である短時間労働者が雇用義務の対象とされている。

Q1103 ☑ ☑　障害者雇用納付金制度の対象事業主は、常用雇用労働者が100人を超え200人以下の事業主に適用されている。

🐱 **参考**　障害者雇用納付金や障害者雇用調整金の窓口

障害者雇用納付金の申告・納付や障害者雇用調整金等の支給申請は、国の業務とされており、独立行政法人高齢・障害・求職者支援機構が窓口となっている。

A1097　✕　障害者雇用調整金とは、法定雇用率を [超えて]
障害者を雇用している企業に対して支給される
もので、常用労働者 [100] 人を超える事業主
に対して支給される。

A1098　○　特例子会社制度では、事業主が障害者雇用に
[特別の配慮] をした子会社を設立する。一定の
要件を満たす [子会社] を設立し、そこに雇用
されている労働者を [親会社] に雇用されてい
るものと見なして、[実雇用率] を算定できる制
度である。

A1099　✕　企業グループ算定特例では、[すべて] の子会社
を対象に、企業グループ全体で障害者雇用率を
通算できる。

A1100　○　障害者雇用率制度の対象は、身体障害者手帳を
所持する [身体] 障害者または療育手帳を所持
する [知的] 障害者、精神障害者保健福祉手帳
を所持する [精神] 障害者である。

A1101　✕　精神障害者保健福祉手帳を所持していない精神
障害者は、医師の診断書等があっても、[障害者
雇用率] の算定対象とはならないが、[障害者雇
用対策]（障害者雇用納金制度に基づく助成金制
度等）の利用はできる。

A1102　○　「障害者雇用促進法」において、精神障害者は、
短時間労働者に限らず、障害者雇用率に算定
[できる]。短時間労働者は、[0.5] 人と算定さ
れる。

A1103　✕　障害者雇用納付金制度の対象事業主は、2008
（平成20）年の「[障害者雇用促進] 法」改正に
より、2015（平成27）年4月から常用雇用労働
者 [101] 人以上の事業主に適用されている。

7

精神障害者の生活支援システム

Q1104 ☑ ☑ 障害者雇用率制度の法定雇用率は、常用労働者数から失業者数と除外率相当労働者数の合計を引いた数を分母とする。

Q1105 ☑ ☑ 法定雇用障害者数の算定は、企業の事業所単位ごとに行われる。

Q1106 ☑ ☑ 法定障害雇用数の算定において、精神障害者保健福祉手帳1級の人の場合、1人を雇用しても2人としてカウントされる。

Q1107 ☑ ☑ 法定雇用障害者数の算定において、週所定労働時間20時間以上30時間未満の短時間労働者の場合、0.5人としてカウントされる。

Q1108 ☑ ☑ 「令和3年度 障害者の職業紹介状況等」（厚生労働省）によれば、2021（令和3）年度のハローワークを通じた障害者の就職率は20％未満である。

Q1109 ☑ ☑ 「令和4年 障害者雇用状況の集計結果」（厚生労働省）で障害者を1人も雇用していない企業が、法定雇用率の未達成企業に占める割合は、10％程度となっている。

A1104 ✕ 障害者雇用率制度の法定雇用率は、常用労働者数と［失業者数］の合計から［除外率相当労働者数］を引いた数を分母とする。

$$
\text{法定雇用率} = \frac{\text{身体障害者、知的障害者及び精神障害者である常用労働者の数} + \text{失業している身体障害者、知的障害者及び精神障害者の数}}{\text{常用労働者数} + \text{失業者数} - \text{除外率相当労働者数}}
$$

A1105 ✕ 法定雇用障害者数の算定は、企業全体の［従業員数］で決まる。

A1106 ✕ 法定障害者雇用数の算定において、重度［身体］障害者、重度［知的］障害者の場合は、1人を雇用しても［2］人としてカウントされる。精神障害者の場合は、障害等級にかかわらず算定できるが、重度であっても［1］人としてカウントされる。

A1107 ◯ 法定雇用障害者数の算定において、週所定労働時間20時間以上30時間未満の短時間労働者の場合、［0.5］人としてカウントされる。ただし、重度身体障害者、重度知的障害者の場合は［1］人としてカウントされる。

A1108 ✕ 「令和3年度 障害者の職業紹介状況等」（厚生労働省）によれば、2021（令和3）年度のハローワークを通じた障害者の就職率は［42.9］％である。2011（平成23）年度以降、40％を超えている。

A1109 ✕ 「令和4年 障害者雇用状況の集計結果」（厚生労働省）で障害者を1人も雇用していない企業（0人雇用企業）が、法定雇用率の未達成企業に占める割合は［58.1］％（32,342社）となっている。

Q1110 ☑ ☑ 在宅就業障害者支援制度は、自宅等で就業する障害者に対して、企業の仕事を容易に受注できるよう助成金を支給するものである。

Q1111 ☑ ☑ 「障害者総合支援法」に基づく就労移行支援事業は、通常の事業所に雇用されることが可能と見込まれる65歳未満の就労希望者が対象である。

Q1112 ☑ ☑ 「障害者総合支援法」に基づく就労移行支援事業は、利用期間が設定されていない事業である。

Q1113 ☑ ☑ 就労継続支援A型事業は、雇用契約に基づき就労の機会を提供する。

Q1114 ☑ ☑ 就労継続支援B型事業は、利用期間を定めている。

Q1115 ☑ ☑ 就労定着支援の対象は、一般就労に移行する前の障害者である。

🐱 **参考** 法定雇用率達成企業の割合（企業規模別）

43.5〜100人未満… 45.8%　　100〜300人未満…… 51.7%
300〜500人未満… 43.9%　　500〜1,000人未満… 47.2%
1,000人以上……… 62.1%

（「令和4年 障害者雇用状況の集計結果」厚生労働省）

A1110　✕　在宅就業障害者支援制度は、自宅等で就業する障害者に仕事を発注する［企業］に対して、障害者雇用納付金制度に基づき［特例調整金］・［特例報奨金］を支給する制度である。これにより、福祉施設等は、企業からの仕事の発注を受けやすくなる効果もある。

A1111　〇　「障害者総合支援法」に基づく［就労移行支援事業］は、通常の事業所に雇用可能と見込まれる65歳未満の就労希望者が対象である。生産活動、職場体験その他の活動の機会の提供を通じて行う、就労に必要な知識及び能力の向上のために必要な訓練、［求職活動］に関する支援、利用者の適性に応じた［職場の開拓］、就職後における［職場への定着］のために必要な相談や支援などを行う。

A1112　✕　就労移行支援事業の標準利用期間は［24か月（2年）］である。

A1113　〇　［就労継続支援A型事業］は、企業等に就労することが困難な障害のある人に対して、［雇用契約］に基づく生産活動の機会の提供、知識及び能力の向上のために必要な訓練などを行う。

A1114　✕　［就労継続支援B型事業］は、通常の事業所に雇用されることが困難な、就労経験を持つ障害のある人に対し、生産活動などの機会の提供、知識及び能力の向上のために必要な訓練などを行い、利用期間は［定めていない］。

A1115　✕　［就労定着支援事業］は、就労移行支援、就労継続支援、生活介護、自立訓練の利用を経て一般就労へ［移行した］障害者で、就労に伴う環境変化により生活面の課題が生じている者を対象としている。

7 精神障害者の生活支援システム

5 就労支援にかかわる専門職の役割と連携

Q1116 ☑ ☑
職場適応援助者（企業在籍型ジョブコーチ）は、企業において障害者の就労支援を行うために、障害者を雇用する企業に雇用される者である。

Q1117 ☑ ☑
職場適応援助者とは、公共職業安定所（ハローワーク）が実施する職場適応援助者養成研修を修了した者をいう。

Q1118 ☑ ☑
職場適応援助者は、精神障害者の家族に対して精神障害者が安定した職業生活を送るためのかかわり方について助言を行う。

Q1119 ☑ ☑
職場適応援助者には、職場適応のための支援を必要とする精神障害者の個々の状況に応じた支援計画の策定が義務づけられている。

Q1120 ☑ ☑
職場適応援助者は、円滑な就職と職場適応ができるよう、障害者と事業所の双方を支援する。

Q1121 ☑ ☑
職場適応援助者による支援の期間は、求職している精神障害者の就職が正式に決定する時点で終了する。

A1116　○　職場適応援助者（[企業在籍] 型ジョブコーチ）は、企業において障害者の就労支援を行うために、障害者を雇用する企業に雇用される者である。職場適応援助者には、[地域障害者職業センター] に配置される配置型ジョブコーチと、障害者の就労支援を行う [社会福祉法人等] に雇用される [訪問] 型ジョブコーチ、障害者を雇用する [企業] に雇用される [企業在籍] 型ジョブコーチの3種類がある。

A1117　✕　職場適応援助者とは、[高齢・障害・求職者雇用支援機構] または厚生労働大臣が定める研修を行う [民間の研修機関] が実施する職場適応援助者養成研修を修了した者をいう。

A1118　○　職場適応援助者は、障害者、事業主及び [家族] に対して精神障害者が安定した職業生活を送るためのかかわり方について [助言] を行う。

A1119　✕　[職場適応援助者] は、障害者が職場に適応できるよう、[障害者職業カウンセラー] が策定した支援計画に基づき職場に出向いて直接支援を行う。なお、カウンセラーの職務内容として、「障害者雇用促進法」に各種検査等により障害者の職業能力を把握し、職業リハビリテーション計画を策定する、とある。

A1120　○　職場適応援助者は、円滑な就職と職場適応ができるよう、[障害者と事業所の双方] を支援する。

A1121　✕　職場適応援助者による支援の期間は、求職している精神障害者の就職が正式に決定する時点では終了 [しない]。障害者の就職の支援から、[雇用後] の職場適応支援も行う。支援期間は、1〜8か月の範囲で個別に必要な期間を設定する。

7

精神障害者の生活支援システム

Q1122 精神障害者総合雇用支援事業における専門職には、公共職業安定所（ハローワーク）の精神障害者雇用トータルサポーターがいる。

☑ ☑

. . . .

Q1123 職業指導員は、地域障害者職業センターの職員である。

☑ ☑

. . . .

Q1124 就労継続支援事業所には、就労支援員を置かなければならない。

☑ ☑

. . . .

Q1125 精神障害者総合雇用支援は、職場復帰に向けた精神障害者の同意に基づき、事業主、主治医等の連携によって実施される。

☑ ☑

. . . .

Q1126 抑うつ状態が不安定で再発し、リワーク支援も休みがちになっており、また、DVや離婚問題を抱えた利用者への支援として、地域障害者職業センターで実施している精神障害者総合雇用支援を利用するために、主治医を交えて話し合った。

☑ ☑

. . . .

Q1127 障害者職業訓練コーディネーターは、都道府県に配置され、企業、社会福祉法人、NPO法人、民間教育訓練機関等多様な委託先を開拓し、個々の障害者に対応した委託訓練をコーディネートするものである。

☑ ☑

🐱 **重要** **福祉分野における就労支援専門職**

就労支援員は、就労移行支援事業所に配置される。個別支援計画に基づき、施設外実習・就労や雇用前提の企業実習、定着支援等を計画・実施する。また利用者とサービス事業所等や家族との関係を調整し、適切なサポートを行う。

職業指導員は、就労移行支援事業所及び就労継続支援事業所に配置される。事業所内での作業について、個別の支援計画に基づき職業指導する。

A1122　✕　精神障害者総合雇用支援事業における専門職には、実施機関である［地域障害者職業センター］で障害者に対する職業評価や職業指導などを行う［障害者職業カウンセラー］がいる。リワークアシスタントとともに［主治医］と連携しながら支援を行う。

A1123　✕　職業指導員は、「障害者総合支援法」の［就労継続支援事業所］及び［就労移行支援事業所］に生活支援員とともに置かれる職員である。地域障害者職業センターの職員は、［高齢・障害・求職者雇用支援機構］の所属である。

A1124　✕　就労支援員は、［就労移行支援事業所］に置かなければならない職員のことである。

A1125　○　精神障害者総合雇用支援は、職場復帰に向けた精神障害者の［同意］に基づき、事業主、［主治医］等の連携によって実施される。

A1126　○　地域障害者職業センターで実施している精神障害者総合雇用支援では、［職場復帰支援（リワーク支援）］のほかに、雇用促進支援、［雇用継続支援］などを行い、［主治医等医療関係者］との連携の下、新規雇入れ、職場復帰、雇用継続に係る様々な支援ニーズに対して総合的な支援を行う。

A1127　○　［障害者職業訓練コーディネーター］は、［都道府県］に配置され、企業、社会福祉法人、NPO法人、民間教育訓練機関等多様な［委託先］を開拓し、個々の障害者に対応した［委託訓練］をコーディネートするものである。国（厚生労働省）と都道府県で委託契約し、都道府県においては、職業能力開発校が委託元となって実施される。

7

精神障害者の生活支援システム

Q1128 ☑ ☑ 障害者の態様に応じた多様な委託訓練においては、都道府県に配置された障害者職業訓練コーディネーターが、委託先を開発し、個々の障害者に対応して調整する。

Q1129 ☑ ☑ 障害者職業カウンセラーは、障害者職業センター（地域障害者職業センター等）に配置され、職業リハビリテーションカウンセリングのみを行う専門職である。

Q1130 ☑ ☑ サービス管理責任者は、「障害者総合支援法」に規定された人員として配置されることとされ、個別支援計画の作成のみを担うものである。

Q1131 ☑ ☑ 精神障害者雇用トータルサポーターは、公共職業安定所（ハローワーク）に配置されている。

Q1132 ☑ ☑ 精神保健福祉士が行う就労支援ネットワークとして、障害者雇用に関心のある事業主のネットワークづくりを支援する。

Q1133 ☑ ☑ 精神保健福祉士が行う就労支援ネットワークとして、ピアサポートとなる働く精神障害者による集いの場づくりは支援しない。

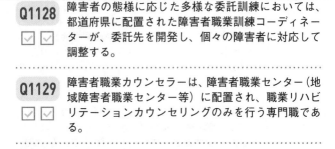

参考 障害者専門支援員

障害者専門支援員は、ハローワークに配置され、職業指導官に協力して求職者の障害の状況や適性を把握して職業紹介に必要な援助を明らかにしたり、障害者向け求人の開拓や事業主に採用と職場定着に関する助言を行ったりする。

A1128　○　障害者の態様に応じた多様な委託訓練において
　　　　　は、都道府県に配置された障害者職業訓練コー
　　　　　ディネーターが、委託先を［開発］し、個々の
　　　　　障害者に対応して委託訓練を［調整］する。

A1129　×　障害者職業カウンセラーは、［障害者職業セン
　　　　　ター（地域障害者職業センター等）］に配置され、
　　　　　［職業評価］や［職業選択］または職業リハビリ
　　　　　テーションカウンセリング等を行う専門職である。

A1130　×　［サービス管理責任者］は、「［障害者総合支援］
　　　　　法」に基づく人員配置基準において、事業所ご
　　　　　とに配置することとされている。サービスの質
　　　　　の向上のため、個々の利用者について初期状態
　　　　　の把握（アセスメント）、［個別支援計画］の作
　　　　　成、［定期的な評価等（モニタリング）］などの
　　　　　一連のサービス提供プロセス全般に関する責任
　　　　　を担うものである。

A1131　○　［精神障害者雇用トータルサポーター］は、［公
　　　　　共職業安定所（ハローワーク）］において、求職
　　　　　者本人に対するカウンセリングや就職に向けた
　　　　　準備プログラムを実施するとともに、企業に対
　　　　　して精神障害者の雇用に関する意識啓発などの
　　　　　業務を実施する。

A1132　○　精神保健福祉士が行う就労支援ネットワークと
　　　　　して、障害者雇用に関心のある［事業主］のネッ
　　　　　トワークづくりを支援する。

A1133　×　精神保健福祉士が行う就労支援ネットワークと
　　　　　して、［働く］精神障害者による集いの場づくり
　　　　　のような［ピアサポート］づくりも支援する。

7

精神障害者の生活支援システム

6 雇用施策と福祉施策との連携

Q1134
☑ ☑
「障害者雇用促進法」は、障害者を5人以上雇用する事業所に、障害者職業生活相談員の選任を義務づけている。

Q1135
☑ ☑
法定雇用障害者数が1人以上となる事業主は、毎年6月1日現在の「障害者雇用状況報告書」を市町村に報告しなければならない。

Q1136
☑ ☑
公共職業安定所(ハローワーク)は、就職を希望する障害者の求職登録を行い、専門の相談員が障害の態様や適性、希望職種等に応じ、公共職業訓練の斡旋、トライアル雇用、ジョブコーチ支援等の支援策の活用など職業相談、職業紹介などを実施する。

Q1137
☑ ☑
公共職業安定所(ハローワーク)は、職業紹介を行う場合において、求人者から求めがあるときは、その有する当該障害者の職業能力に関する資料を提供する。

Q1138
☑ ☑
地域障害者職業センターは、市町村に1か所ずつ設置されている。

Q1139
☑ ☑
地域障害者職業センターは、事業所にジョブコーチを派遣して、障害者や事業主に対して、雇用の前後を通じて障害特性を踏まえた援助を実施するものである。

A1134　○　「障害者雇用促進法」は、障害者を [5] 人以上雇用する事業所に、従業員の中から [障害者職業生活相談員] を選任し、所轄の [公共職業安定所] に届け出ることを義務づけている。職務は、障害者の適職選定、作業環境の整備、労働条件や職場の人間関係など障害者の職業生活に関することの相談・指導などである。

. . . .

A1135　×　法定雇用障害者数が [1] 人以上となる事業主は、毎年6月1日現在の「障害者雇用状況報告書」を [公共職業安定所（ハローワーク）] に報告しなければならない。

. . . .

A1136　○　公共職業安定所（ハローワーク）は、[職業安定] 法に基づいて国が設置している職業安定行政の第一線機関である。障害者に対しては、就職を希望する者の [求職登録] を行い、専門の職員・職業相談員がケースワーク方式により、障害の態様や適性、希望職種等に応じ、公共職業訓練の斡旋、[トライアル雇用]、[職場適応援助者（ジョブコーチ）] 支援等の各種支援策の活用など職業相談、職業紹介、職場適応指導を実施している。

. . . .

A1137　○　公共職業安定所（ハローワーク）は、職業紹介を行う場合において、求人者から求めがあるときは、その有する当該障害者の [職業能力] に関する資料を提供する。

. . . .

A1138　×　地域障害者職業センターは、[都道府県] に1か所ずつ設置され、支所が設置されている都道府県もある。

. . . .

A1139　○　地域障害者職業センターは、事業所に [職場適応援助者（ジョブコーチ）] を派遣して、障害者や事業主に対して、雇用の [前後] を通じて障害特性を踏まえた援助を実施するものである。

7

精神障害者の生活支援システム

323

Q1140 ☑ ☑
地域障害者職業センターの基幹業務の一つとして、地域の就労支援機関に対する助言・援助等の業務が位置づけられている。

Q1141 ☑ ☑
障害者職業総合センターは、精神障害者の求めに応じ、職場適応援助者をその精神障害者の従事する職場に派遣して、支援を実施する。

Q1142 ☑ ☑
障害者職業総合センターは、高齢・障害・求職者雇用支援機構が設置・運営する障害者職業センターの一つで、教育的リハビリテーション関係施設の中核機関として、調査研究・支援技術の開発・人材育成などを行っている。

Q1143 ☑ ☑
障害者雇用支援センターは、支援対象障害者に対して、その障害及び程度に応じ、必要な職業準備訓練を行う。

Q1144 ☑ ☑
障害者就業・生活支援センターは、職業的自立を目指し、専門的な知識や技術を習得させるための職業・生活訓練を行う機関である。

Q1145 ☑ ☑
職業能力開発校とは、公共職業能力開発施設の一つで、普通職業訓練で長期・短期の訓練課程を行うための施設であり、職業能力開発促進法に規定されている。

Q1146 ☑ ☑
国立中央障害者職業能力開発校では、「障害者の態様に応じた多様な委託訓練」事業が行われている。

A1140 ○ 地域障害者職業センターは、「[障害者雇用促進]法」において、専門的な職業リハビリテーションを実施するとともに、地域の関係機関に対して、職業リハビリテーションに関する[助言・援助等]を行う機関として位置づけられている。

A1141 ✕ [地域障害者職業センター]は、精神障害者の求めに応じ、職場適応援助者をその精神障害者の従事する職場に派遣して、支援を実施する。

A1142 ✕ 障害者職業総合センターは、[高齢・障害・求職者雇用支援機構]が設置・運営する障害者職業センターの一つで、[職業リハビリテーション]関係施設の中核機関として、調査研究・支援技術の開発・人材育成などを行っている。

A1143 ○ [障害者雇用支援センター]は、支援対象障害者に対して、その障害及び程度に応じ、必要な職業準備訓練を行う。

A1144 ✕ 障害者就業・生活支援センターは、職業生活における自立を図るために、就業及びこれに伴う[日常生活上]または[社会生活上]の支援を行う事業である。「[障害者雇用促進]法」に基づいた機関で、2002（平成14）年に創設された。

A1145 ○ 職業能力開発校とは、[公共職業能力開発施設]の一つで、普通職業訓練で長期・短期の訓練課程を行うための施設であり、[職業能力開発促進]法に規定されている。

A1146 ✕ 国立中央障害者職業能力開発校は、国立職業リハビリテーションセンターの組織の一部として設置され、障害者の自立に必要な[職業指導]や[職業訓練]などを体系的に提供する、職業リハビリテーションの先駆的実施機関である。

7

精神障害者の生活支援システム

Q1147 ☑ ☑ 障害者の職業能力開発は、企業や社会福祉法人などに委託して行われることがある。

Q1148 ☑ ☑ 障害者短時間トライアル雇用は、公共職業安定所を中心に地域の関係機関が障害者就労支援チームを編成して、就業から職場定着までの一貫した支援を行うものである。

Q1149 ☑ ☑ 障害者トライアル雇用は、3か月の期間を経過して常用雇用に至らなかった場合は契約期間満了による終了となる。

7　精神障害者の生活支援システムの実際

Q1150 ☑ ☑ 「障害者総合支援法」に基づく地域定着支援では、グループホームや宿泊型自立訓練の利用者は対象外である。

Q1151 ☑ ☑ 地域活動支援センターは、障害者に対して創作的活動や生産活動の機会の提供などを行う。

Q1152 ☑ ☑ 相談支援専門員は、介護保険法に基づくケアプランを立てる。

A1147　○　障害者の職業能力開発は、［企業］や［社会福祉法人］などに委託して行われることがある。［障害者の態様に応じた多様な委託訓練］では、企業や社会福祉法人など地域の多様な委託先を活用して［職業訓練］を実施している。

A1148　✕　［チーム支援］は、公共職業安定所（ハローワーク）を中心に地域の関係機関が障害者就労支援チームを編成して、就業から職場定着までの一貫した支援を行うものである。［障害者短時間トライアル雇用］は、精神障害者の職場への適応状況等に応じて徐々に就労時間を延長し、週20時間以上働くことを目指すものである。

A1149　○　障害者トライアル雇用は、［3］か月の期間を経過して常用雇用に至らなかった場合は契約期間満了による［終了］となる。

A1150　○　「障害者総合支援法」に基づく［地域定着支援］では、単身等で生活する障害のある人に対し、常に連絡がとれる体制を確保し、緊急に支援が必要な事態が生じた際に、緊急訪問や相談などの必要な支援を行うことから、グループホームや宿泊型自立訓練の利用者は対象外である。

A1151　○　［地域活動支援センター］は、「障害者総合支援法」5条により、障害者等を通わせ、創作的活動または生産活動の機会の提供、社会との交流の促進その他の便宜を供与する施設と定められている。

A1152　✕　相談支援専門員は、「［障害者総合支援］法」に基づく［指定相談支援］を提供する。

Q1153 ☑ ☑ 統合失調症で入退院を繰り返していた利用者が症状が落ち着いて退院したが、予定されている精神科デイケアに来所しようとせず浪費傾向もあるので、精神保健福祉士は成年後見制度の利用手続を勧めた。

Q1154 ☑ ☑ 日常生活自立支援事業では、福祉サービスの利用援助や日常的な金銭等の管理を行う。

Q1155 ☑ ☑ 「障害者総合支援法」に基づく市町村が設置する協議会（市町村協議会）では、障害支援区分の審査、判定を行う。

Q1156 ☑ ☑ 「障害者総合支援法」に基づく市町村が設置する協議会（市町村協議会）は、個別事例の支援のあり方について協議する。

Q1157 ☑ ☑ 「障害者総合支援法」に基づく基幹相談支援センターは、地域相談支援体制の強化に取り組む。

Q1158 ☑ ☑ 指定特定相談支援事業者を指定するのは都道府県である。

Q1159 ☑ ☑ ピアサポーターは、専門職の代替的機能を担う。

A1153　✕　成年後見制度とは、認知症、知的障害や精神障害により［判断能力が不十分］な人を、法律的に保護し、支える制度である。多少の浪費傾向と精神科デイケアに来所しない程度では判断能力が不十分とはいえない。

. . . .

A1154　○　［日常生活自立支援事業］とは、認知症高齢者、知的障害者、精神障害者等のうち判断能力が不十分な人が地域において自立した生活が送れるよう、利用者との契約に基づき、福祉サービスの利用援助等を行うものである。［福祉サービス］の利用援助や日常的な［金銭等の管理］を行う。

. . . .

A1155　✕　「障害者総合支援法」に定める介護給付費等の支給に関する［障害支援区分］の審査及び判定を行うことを目的として、市町村により［市町村審査会］が設置されている。

. . . .

A1156　○　［協議会］は、地域における障害者等の相談支援の個別事例等を通じて明らかになった地域の課題を共有し、その課題を踏まえて地域における障害者等の支援体制の整備につなげていく取り組みを着実に進めていくことが重要とされる。

. . . .

A1157　○　「障害者総合支援法」に基づく［基幹相談支援センター］は、地域相談支援体制の強化に取り組む。相談支援の拠点として総合的な相談業務を行い、権利擁護・虐待防止や地域の相談支援体制の強化にも取り組む。

. . . .

A1158　✕　指定特定相談支援事業者を指定するのは［市町村］である。指定一般相談支援事業者の指定は［都道府県］である。

. . . .

A1159　✕　ピアサポーターは、［対等な立場］で仲間を支えたり、［ロールモデル］としての役割を担うことが期待されている。

7 精神障害者の生活支援システム

8 行政機関における精神保健福祉士の相談援助活動

Q1160

☑ ☑

2006（平成18）年4月の障害者自立支援法施行に合わせた精神保健福祉法改正により、市町村にも精神保健福祉相談員を置くことができるようになった。

Q1161

☑ ☑

市の障害福祉課の精神保健福祉相談員は、自立支援医療（精神通院医療）に関する支給認定を行う。

Q1162

☑ ☑

市の障害福祉課の精神保健福祉相談員は、自殺対策を目的とした調査の実施を行う。

Q1163

☑ ☑

市の障害福祉課の精神保健福祉相談員は、措置入院に伴う精神保健指定医による診察への立ち合いを行う。

Q1164

☑ ☑

市の障害福祉課の精神保健福祉相談員は、精神保健福祉ボランティア講座の企画・運営を行う。

Q1165

☑ ☑

市の障害福祉課に勤務する精神保健福祉士は、近隣住民に、相談を受けた精神障害者の病気のことなどを話して理解を得たいと考えたが、思いとどまった。この場合の法的根拠は地方公務員法である。

Q1166

☑ ☑

精神保健福祉センターは、都道府県に設置義務がある。

A1160　○　2006（平成18）年4月の障害者自立支援法施行に合わせた［精神保健福祉］法改正により、［市町村］にも精神保健福祉相談員を置くことができるようになった。

A1161　✕　自立支援医療（精神通院医療）に関する支給認定を行うのは、［都道府県知事］である。

A1162　○　市の障害福祉課の精神保健福祉相談員は、自殺対策を目的とした［調査］の実施を行う。自殺対策基本法には、［国］及び［地方公共団体］は、自殺の防止等に関し、［調査研究］を推進し、並びに情報の収集、整理、分析及び提供を行うものとされている。

A1163　✕　措置入院に伴う精神保健指定医による診察への立ち合いを行うのは、［都道府県職員］である。ほかに、後見人または保佐人、親権を行う者、配偶者、本人の保護の任にあたっている者も、立ち会うことができる。

A1164　○　市の障害福祉課の精神保健福祉相談員は、精神保健福祉ボランティア講座の［企画・運営］を行う。

A1165　○　［地方公務員］法34条において、「職員は、職務上知り得た秘密を漏らしてはならない。その職を退いた後も、また、同様とする」としている。

A1166　○　精神保健福祉センターは、［都道府県］における精神保健及び精神障害者の福祉に関する［総合的技術センター］として、地域精神保健福祉活動推進の中核となる機能を備えなければならないとされている。

7 精神障害者の生活支援システム

Q1167 ☑ ☑ 精神保健福祉センターにおける精神保健福祉士は、精神保健及び精神障害者の福祉に関し、知識の普及を図り、調査研究等を行い、並びに相談及び指導のうち複雑困難なものをチームの一員としてこれらの業務を行う。

Q1168 ☑ ☑ 措置入院者及び医療保護入院者の定期病状報告の審査は、精神保健福祉センターの業務である。

Q1169 ☑ ☑ 精神障害者保健福祉手帳交付の申請に対する判定は、精神保健福祉センターの業務である。

Q1170 ☑ ☑ 保健所における精神衛生相談員は、1995（平成7）年の精神保健福祉法の改正で名称が精神保健福祉相談員となった。

Q1171 ☑ ☑ 保健所の精神保健福祉業務として、精神障害者に対する訪問指導を行う。

Q1172 ☑ ☑ 保健所は、市町村が実施する精神障害者に対する施策の技術的な支援を行う。

A1167　○　[精神保健福祉センター]における精神保健福祉
士は、精神保健及び精神障害者の福祉に関し、
知識の普及を図り、[調査研究]等を行い、並び
に相談及び指導のうち[複雑困難]なものを
チームの一員としてこれらの業務を行う（精神
保健福祉法6条）。

･･･

A1168　✕　[精神医療審査会]によって、措置入院者及び医
療保護入院者の定期病状報告の審査、医療保護
入院届の審査、退院等の請求の審査が行われる。
精神保健福祉センターは精神医療審査会事務を
行う。

･･･

A1169　○　[精神保健福祉センター]は、精神障害者保健福
祉手帳の申請に対する判定を行う。精神障害者
保健福祉手帳の申請の受理は、[市町村]が窓口
である。

･･･

A1170　○　[保健所]における精神衛生相談員は、1995（平
成7）年の[精神保健福祉]法の改正で名称が精
神保健福祉相談員となった。

･･･

A1171　○　[保健所]の精神保健福祉業務は、①企画調整、
②普及啓発、③研修、④組織育成、⑤相談、⑥
[訪問指導]、⑦社会復帰及び自立と社会参加へ
の支援、⑧入院医療及び通院医療関係事務、⑨
ケース記録の保持及び記録の保持等、⑩市町村
への協力及び連携である。

･･･

A1172　○　[保健所]は、市町村が実施する精神障害者に対
する施策の技術的な支援を行う。精神保健福祉
業務として、市町村への情報提供、技術的協力、
支援を行うことが必要とされている。

7

精神障害者の生活支援システム

著者紹介（五十音順）【執筆科目名】

■ **朝倉 起己（あさくら・たつみ）**

【第1章：精神疾患とその治療】

特定医療法人共和会共和病院地域ケア課勤務（精神科デイケア、グループホーム管理者）。修士（リハビリテーション療法学：名古屋大学）。作業療法士免許取得後、病院に勤めながら日本福祉大学社会福祉学部、名古屋大学大学院医学系研究科に進学。現在は臨床のかたわら東海地区精神障害者リハビリテーション研究会、あいち精神科OT勉強会、WRAP名古屋等の運営に携わり、また愛知県作業療法士会制度対策部地域包括ケア委員会の委員を担う。作業療法士、精神保健福祉士、WRAPファシリテーター。

■ **朝比奈 寛正（あさひな・ひろまさ）**

【第4章：精神保健福祉の理論と相談援助の展開①／第5章：精神保健福祉の理論と相談援助の展開②】

兵庫大学生涯福祉学部社会福祉学科准教授。博士（社会福祉学）。大阪府の新阿武山病院や高知県の岡豊病院に勤めながら、高知県立大学大学院修士課程・博士後期課程を修了し兵庫大学に赴任。小野市自殺対策計画等策定委員会並びに障害福祉計画等策定委員会会長、西脇市障害者地域支援協議会会長、多可町障害者総合支援協議会並びに障害福祉計画検討部会会長などを担う。専門はメンタルヘルス、アディクション（依存・嗜癖）に関するソーシャルワーク。著書に『中国・四国発！地域共生社会づくりの課題と展望-中国・四国社会福祉論文集-』（編著、東洋図書出版）。認定精神保健福祉士、社会福祉士、介護支援専門員。

■ **杉本 浩章（すぎもと・ひろあき）**

【第3章：精神保健福祉相談援助の基盤】

日本福祉大学福祉経営学部教授。博士（社会福祉学：佛教大学）。福山平成大学福祉健康学部福祉学科教授などを経て現職。専門は医療・福祉マネジメント。著書に『ソーシャルワークを学ぶ人のための相談援助実習』『多職種で支える終末期ケア―医療・福祉連携の実践と研究』（ともに編著、中央法規出版）、『実習生必携ソーシャルワーク実習ノート［第3版］』（共著、みらい）など。社会福祉士、精神保健福祉士。

■ 富澤 宏輔（とみざわ・こうすけ）

【第7章：精神障害者の生活支援システム】

大阪人間科学大学人間科学部社会福祉学科専任講師。修士（社会福祉学：花園大学）。日本福祉大学社会福祉学部第Ⅱ部社会福祉学科卒業後、精神科病院での勤務を経て現職。専門は、精神保健福祉、精神障害者リハビリテーション、学校メンタルヘルスリテラシー教育。自立支援協議会や自殺対策会議、介護給付費等支給審査会の委員を務める。非常勤講師として大学や専門学校の通信課程で、スクーリング科目、国家試験受験対策を担当。著書に『精神保健福祉士への道―人権と社会正義の確立を目指して』（共著、久美）など。社会福祉士、精神保健福祉士。

■ 西本 彩香（にしもと・あやか）

【第2章：精神保健の課題と支援】

愛知淑徳大学、愛知県立大学などの非常勤講師。愛知県立大学客員共同研究員。修士（人間発達学：愛知県立大学）。大学卒業後、精神科病院で精神保健福祉士としての勤務を経て、愛知淑徳大学福祉貢献学部福祉貢献学科の常勤講師となる。愛知県立大学大学院人間発達学研究科博士後期課程を単位取得満期退学、現職に至る。専門は、社会福祉学、精神保健福祉論。社会福祉士、精神保健福祉士。

■ 二本柳 覚（にほんやなぎ・あきら）

【第6章：精神保健福祉に関する制度とサービス】

京都文教大学臨床心理学部臨床心理学科講師。修士（福祉マネジメント：日本福祉大学）。日本福祉大学社会福祉学部卒業後、精神科病院、就労継続支援B型事業所、日本福祉大学、高知県立大学などを経て現職。専門は障害者福祉（特に精神保健福祉）、社会福祉専門職教育。著書に『これならわかる〈スッキリ図解〉障害者総合支援法』『これならわかる〈スッキリ図解〉精神保健福祉制度のきほん』（いずれも共著、翔泳社）『図解でわかる障害福祉サービス』（共著、中央法規）など。社会福祉士、精神保健福祉士。

著者紹介

精神保健福祉士試験対策研究会

精神保健福祉士養成の履修科目・試験対策研修の講師や医療関係者の有志で構成される研究会。社会福祉に造詣が深く、質の高い保健医療福祉職の合格に向けて尽力している。

試験対策テキスト作成のコンセプトは、効率のよい勉強ができるテキストであり、合格してからも活用できるテキストの両立を目指すことである。

● 装丁デザイン　　　小口 翔平＋青山 風音（tobufune）
● カバーイラスト　　ハヤシ フミカ
● 本文イラスト　　　フクモト ミホ
● DTP　　　　　　　株式会社 トップスタジオ

福祉教科書

精神保健福祉士 出る！出る！一問一答
専門科目 第 5 版

2023 年　　5 月 24 日　初版第 1 刷発行

著　　　者　　精神保健福祉士試験対策研究会
発　行　人　　佐々木 幹夫
発　行　所　　株式会社 翔泳社（https://www.shoeisha.co.jp）
印刷・製本　　日経印刷 株式会社

©2023 Tatsumi Asakura, Hiromasa Asahina, Hiroaki Sugimoto, Kosuke
　　Tomizawa, Ayaka Nishimoto, Akira Nihonyanagi

ISBN978-4-7981-8041-0　　　　　　　　　　　　　　　Printed in Japan